Allitera Verlag
Krimi

Billie Rubin ist das Krimipseudonym der Münchner Autorin Ute Hacker (Jahrgang 1958), die bereits zwei Kriminalromane veröffentlicht hat. Sie schreibt deutsch und englisch, ist Gründungsmitglied der internationalen Online-Gruppe IOWG sowie aktives Mitglied der Autorinnenvereinigung. Billie Rubin ist Herausgeberin diverser Krimianthologien, unter anderem von »High Noon in München«, das ihre besten Kurzgeschichten versammelt. Mehr Infos gibt es auf www.billierubin.de

Billie Rubin

Foules Spiel

Ein Nürnberger Fußballkrimi

Allitera Verlag
Krimi

Weitere Informationen über den Verlag und sein Programm unter:
www.allitera.de

»Foules Spiel« ist ein Roman. Zwar tauchen real existierende Personen auf, doch die Hauptfiguren, deren Charakter und Motivation entspringen vollkommen meiner Fantasie; für sie gibt es kein reelles Vorbild. Sollte jemand das Gefühl haben, sich in diesem Roman wiederzufinden, ist das reiner Zufall. Die Fußballspiele habe ich, soweit möglich, beschrieben, wie sie stattgefunden haben. Doch manchmal muss man die Realität aus dramaturgischen Gründen an den Plot anpassen.

Billie Rubin

Zweite Auflage Oktober 2011
Allitera Verlag
Ein Verlag der Buch&media GmbH, München

Umschlaggestaltung: Alexander Strathern, München
Printed in Europe
ISBN 978-3-86906-134-4

»Es ist eine Ehre, für diese Stadt, diesen Verein
und die Bewohner Nürnbergs zu spielen.
Möge all dies immer bewahrt werden
und der großartige FC Nürnberg niemals untergehen.«

Heiner Stuhlfauth

»Der Club is a Depp.«

Volksmund

Für Cordi,
die – leider, leider – ein Bayern-Fan ist.

I

Es ist ein leichter Job«, sagte Miller. »Eigentlich wären Sie mehr Kindermädchen als Bodyguard.«

Charlotte fragte sich, ob er deshalb jemand Externen holte, anstatt einen seiner muskelbepackten Männer zu nehmen, die in der firmeneigenen Muckibude Gewichte stemmten. Sie fand Miller äußerst unsympathisch, aber ihr blieb kaum eine Wahl: Sie brauchte Arbeit, denn sie brauchte Geld. Ihre Auszeit dauerte nun schon drei Monate und ihre Reserven gingen unweigerlich dem Ende entgegen.

»Ich kann Ihnen erst einmal nur einen Vertrag für diesen Job geben«, sagte Miller in ihre Gedanken hinein. »Wenn Sie sich bewähren, reden wir über eine Festanstellung.«

Charlotte zwang sich zu einem Lächeln. »Gut«, sagte sie. »Können wir den Vertrag gleich fix machen?«

Es war ein Risiko, denn noch wusste sie nicht, wem sie eigentlich die Hand halten sollte. Aber es half nichts: Patrick brauchte etwas zu essen, neue Klamotten, und die Miete zahlte sich auch nicht von allein.

»Ich sag Beate Bescheid, sie macht den Vertrag fertig, dann können Sie ihn morgen unterschreiben.«

»Geht's heute noch?«, bat Charlotte. »Ich fahre heute Abend nach München zurück.«

»Sie ziehen aber schon hierher, oder?« Millers Stimme klang misstrauisch. Er warf einen Blick auf ihre Unterlagen. »Sie haben ein Kind?«

Charlotte nickte. »Ja, einen Sohn. Er ist 15 und sehr selbstständig.« Sie zögerte, fügte dann hinzu: »Er ist es gewohnt, allein zu sein. Als Polizistin hatte ich auch nicht gerade den Acht-Stunden-Tag.«

Miller nickte und griff zum Telefon. »Beate? Kannst du den Vertrag für Frau …«, er schaute ein weiteres Mal auf die Bewerbung, »… Frau Braun heute noch fertig machen? – Super, du bist ein Schatz.« Er legte auf.

»Der Vertrag ist heute Nachmittag fertig. Reicht das?«

Charlotte sprang auf. »Das ist perfekt. Ich habe noch zwei Wohnungsbesichtigungen, dann komme ich zurück und unterschreibe.«

Sie gaben sich kurz die Hand. Charlotte rannte aus dem Büro, als werde sie verfolgt, und wäre beinahe auf einer Eisfläche ausgerutscht. Zum Glück würde sie nicht mit Miller zusammenarbeiten müssen, sondern auf sich allein gestellt sein.

Während sie mit dem Taxi zum ersten Besichtigungstermin fuhr, überlegte sie, welche Promis Nürnberg zu bieten hatte. Ihr fiel niemand ein. Miller hatte ihr nur gesagt, dass ›eine Person, die in der Öffentlichkeit gut bekannt ist‹, Drohbriefe erhielt. Die Polizei ging nicht von einer realen Gefahr aus, aber man wollte auf Nummer sicher gehen. Und die Person konnte sich offenbar einen privaten Bodyguard leisten.

Ihr sollte es recht sein. Es war eine Chance auf einen Neuanfang. Den Gedanken an Patrick schob sie weit von sich. Er würde über einen erneuten Umzug nicht besonders glücklich sein.

Die erste Wohnung in Gostenhof verdiente den Namen nicht. Es war ein Loch. Charlotte zwang sich, alle Räume anzuschauen, aber ihr war schon im Treppenhaus klar, dass sie hier nicht einziehen würde. Es roch nach Essen, es war finster und schäbig. Die Wohnung sollte 535 Euro im Monat kosten. Kalt! Dazu noch Maklergebühr und Kaution. Sollte Nürnberg nicht billiger sein als das überteuerte München?

»Ich überleg's mir«, sagte sie zu dem Makler und verließ fluchtartig das Haus. Sie nannte dem Taxifahrer die zweite Adresse und schloss die Augen, während sie durch Nürnberg fuhren. Das fühlte sich alles nicht besonders gut an. Einzig die Bezahlung für den Job war okay, aber der Rest?

»Wir sind da«, riss der Taxler sie aus ihren Gedanken. Sie zahlte und ließ sich eine Quittung geben. Sie würde mit der U-Bahn zu Millers Büro zurückfahren, eine weitere Taxifahrt war nicht drin im Budget.

Die Ammanstraße gefiel ihr sofort. Die Häuser sahen gepflegt aus, zwei hatten sogar eine hübsch gestaltete Fassade. Am Ende der Straße standen zwei Bäume, von Schnee oder Raureif gezuckert. Im Frühjahr waren sie sicher besonders hübsch. Charlotte fasste neuen Mut und lief zu Haus Nummer 24. Ihre Schritte knirschten im Schnee. Sie klingelte bei Betzold, wie vereinbart.

»Frau Braun?« Eine rundliche Frau in den Fünfzigern stand in der Tür der Parterrewohnung und lächelte sie warm an. Charlotte stieß einen Seufzer der Erleichterung aus. Jetzt wurde alles gut.

Die Wohnung war klein, aber perfekt. Es gab zwei Zimmer und eine kleine Kammer. Das Beste war jedoch die Küche: Neben einem Tisch und vier Stühlen würde sogar noch ein Sofa hineinpassen. Sie hatte sich immer eine Wohnküche gewünscht. Der Balkon zum Hinterhof war winzig, aber es war ein Balkon. Das Bad hatte ein schmales Fenster, die Dusche war neu.

»Haben Sie noch mehr Bewerber?«, fragte Charlotte.

Frau Betzold nickte. »Ja, freili«, sagte sie in breitem Fränkisch und schaute Charlotte prüfend an. »Aber ich glaab, ich werd die andern absagn. – Wenn Sie die Wohnung wolln«, fügte sie hinzu.

Charlotte zögerte keine Sekunde. »Ja, ich will sie. Wann können wir den Vertrag machen? Ich muss leider heute wieder zurück nach München.«

»Bassd scho. Ich hab den Verdrach im Combjuder. Gemmer nunder«, erwiderte Frau Betzold.

Charlotte verkniff sich mit Mühe ein Lachen. Der fränkische Dialekt klang zu lustig. Aber sie würde sich daran gewöhnen müssen.

Bei der Frage nach dem Einkommen zögerte Charlotte. Sollte sie sagen, sie sei Beamtin? Es wäre nicht einmal gelogen, denn Beamtin war man auf Lebenszeit. Sie war halt derzeit nicht im aktiven Dienst. Charlotte entschloss sich, die Wahrheit zu sagen.

»Ich bekomme meinen neuen Arbeitsvertrag erst heute Nachmittag.« Sie erzählte von dem neuen Job.

»Bassd scho«, sagte Frau Betzold. »Ich verlass mi auf mei Bauchgfühl.«

Als Charlotte das Haus verließ, machte sie einen kurzen Luftsprung. Ein alter Türke schaute sie erschrocken an, lachte dann mit zahnlosem Mund. Charlotte hätte ihn am liebsten umarmt.

Sie hatte noch Zeit und beschloss, sich ihre neue Umgebung anzuschauen. Sie lief die Brosamerstraße entlang, die gegenüber ihrer künftigen Wohnung lag. Auf der rechten Seite tauchte ein schön bemaltes Haus auf, über dem Eingang stand *Casablanca*. Neben einem Kino gab es auch eine Crêperie. Charlotte bekam plötzlich Hunger und beschloss, sich ein spätes Mittagessen zu gönnen. Bald würde wieder Geld auf dem Konto eintrudeln …

****

»Warum warst du in Nürnberg?« Patrick war eindeutig sauer.

»Woher weißt du das?«, wollte Charlotte wissen und schlüpfte aus den Pumps.

»Du hast das Ticket auf dem Desktop abgespeichert«, erwiderte ihr Sohn und konnte sich den Triumph in der Stimme nicht ganz verkneifen. Immer wieder machte er sich lustig darüber, dass sie nicht fähig war, anständig mit dem PC umzugehen. Was er eben unter anständig verstand.

»Was gehen dich meine Dokumente an?«, gab Charlotte zurück, aber sie war fest entschlossen, sich nicht mit Patrick zu streiten. Immerhin musste sie ihm den bevorstehenden Umzug beichten.

Doch er schien sich schon selbst seinen Reim darauf gemacht zu haben. »Wir ziehen mal wieder um, oder?« Und als Charlotte nichts darauf sagte, rief er wütend: »Das ist nicht fair. Kaum habe ich mal Freunde gefunden, ziehen wir wieder weg.« Er zog einen Flunsch und wirkte plötzlich wie ein kleines Kind. Am liebsten hätte Charlotte ihn in den Arm genommen, aber ihr war klar, dass das kontraproduktiv gewesen wäre.

»Können wir in Ruhe darüber reden?«, bat sie und ging ins Wohnzimmer. Es hätte sie nicht gewundert, wenn Patrick Türen schlagend davongelaufen wäre, aber er folgte ihr und setzte sich mit abweisendem Blick ihr gegenüber.

»Ich weiß, es ist nicht einfach«, begann Charlotte. »Ich hasse die Umzieherei auch.«

»Wir sind gerade mal ein Jahr hier«, rief Patrick.

»Ja, ich weiß«, seufzte Charlotte. »Aber lass mich erst mal erzählen. Vielleicht änderst du deine Meinung ja noch.« Sie wusste, sie hatte einen starken Trumpf im Ärmel, den sie jedoch erst am Schluss ausspielen würde. Eine gute Mutter machte so etwas vermutlich nicht, aber Charlotte musste oft unter Patricks Launen leiden, da schadete es nichts, wenn sie ihn ein wenig zappeln ließ.

»Ich habe schon eine neue Wohnung für uns gefunden«, begann sie. »Du hast wie immer dein eigenes Zimmer, und es ist sogar etwas größer als dein jetziges.«

Patricks Züge wurden etwas entspannter.

»Sie liegt in einem witzigen Viertel. Ich habe einige Asiaten dort gesehen und auch Türken und Italiener. Es gibt in der Nähe ein Kaufhaus und viele Läden.« Charlotte machte eine kurze Pause, sagte dann: »Es hat mich an Manchester erinnert.«

Jetzt wurde Patrick neugierig. In Manchester hatten sie immerhin sechs Jahre gelebt und er verband zum größten Teil gute Erinnerungen daran. Natürlich und vor allem wegen Manchester United.

Charlotte erzählte weiter von der Umgebung der neuen Wohnung. »Es gibt auch einen riesigen Spielplatz, mit Flächen für Basket- und Fußball. Er ist vielleicht fünf Minuten zu Fuß entfernt. Es war natürlich alles recht kahl und leer, aber im Frühjahr und Sommer ist es sicher wunderschön da. Schließlich ist da auch noch dieser große Platz, er heißt …«, sie konsultierte einen Zettel, »… er heißt Kopernikusplatz. Auch da stehen viele Bäume und Bänke, es gibt auch einen Spielplatz, allerdings nur für kleinere Kinder. Unsere Vermieterin sagte mir, dass es da ab und zu Feste gibt.«

»Und was ist mit der Schule?«, warf Patrick ein.

Charlotte hatte gehofft, er würde das fragen. »Das ist das Beste daran: Du kannst zur Schule laufen oder mit dem Rad fahren. Sie ist keinen Kilometer entfernt.«

»Echt?«, fragte Patrick und bemühte sich, nicht allzu erfreut zu klingen.

»Echt«, bestätigte Charlotte und lächelte. »Ich konnte nur kurz mit dem Rektor telefonieren, aber er sagte, der Wechsel sei kein Problem.« Sie wusste, dass Patrick es hasste, jeden Tag mit U-Bahn und Bus fahren zu müssen. Eine Schule in Gehweite war auf jeden Fall ein Pluspunkt.

»Und was machst du da? Arbeitest du wieder als Polizistin?«

Endlich stellte Patrick die entscheidende Frage! Charlotte atmete tief durch und nahm sich Zeit. Die ganze Zugfahrt über hatte sie sich auf diesen Moment vorbereitet; von ihm hing vieles ab.

»Nein, ich werde als eine Art Bodyguard arbeiten«, sagte sie. Erfreut sah sie Patricks überraschten Blick.

»Als Bodyguard?«, fragte er. »So wie bei amerikanischen Präsidenten?«

Sie lächelte wieder. »Ja, so was in der Art. Ich fürchte nur, es wird nicht ganz so spektakulär. – Oder sagen wir mal: Ich hoffe es. Ich kann auf die ganze Action verzichten.«

»Wieso denn, wäre doch lustig, oder?«, warf Patrick ein, aber sie sah an seinem Grinsen, dass er es nicht so meinte. »Und: Wen musst du beschützen? Hat Nürnberg überhaupt so wichtige Leute?«

Charlotte lachte. »Das habe ich mich auch gefragt, als ich das Angebot bekam«, sagte sie. »Aber natürlich gibt es auch in Nürnberg Persönlichkeiten, die – zumindest zeitweise – in Gefahr sind.« Sie wollte ihm gerade von ihrem künftigen Schützling erzählen, als sie Patricks Miene sah. »Was ist?«, fragte sie.

»Ich denk nur grad an die Bundesliga. Hier kann ich wenigstens für die Bayern jubeln. Aber der Club? Das sind doch Flaschen«, erwiderte Patrick.

»Hmm, ja, ich seh ein, das ist ein Problem«, gab Charlotte ihm recht. »Aber du kannst doch auch in Nürnberg für die Bayern sein. Ich bin sicher, da gibt es sogar einen Fanclub. Die haben ihre Fans doch überall sitzen.« Sie beugte sich zu Patrick und flüsterte leise, als solle niemand es hören: »Es soll ja sogar welche in Manchester geben.«

Es hatte den erhofften Effekt: Patrick lachte. Dennoch – so richtig versöhnt war er noch nicht mit der Idee des Umzugs. Charlotte beschloss, dass es an der Zeit war, den letzten Trumpf auszuspielen.

»Willst du gar nicht wissen, wen ich beschützen werde?«, fragte sie.

»Kenn ich ja eh nicht«, gab Patrick mürrisch zurück.

»Da wär ich mir nicht so sicher«, erwiderte Charlotte geheimnisvoll. Als sie Patricks volle Aufmerksamkeit hatte, sagte sie: »Es ist Eric. Eric Rasmussen.«

»Cool«, war Patricks einzige, immerhin positive Reaktion.

II

Sie sind also unser neuer Schutzengel?« Eric Rasmussen hielt ihr die Tür auf.

»Ich werde es versuchen«, sagte Charlotte, stampfte auf, um den letzten Schnee von den Stiefeln zu klopfen und betrat die Penthouse-Wohnung. Welch ein Unterschied zu ihrer eigenen Wohnung: Riesige, lichtdurchflutete Räume, helle Designermöbel, Kunst an den Wänden, vermutlich echt.

»Wow«, sagte sie. »Nicht schlecht.«

Eric grinste stolz. »Na ja, ich hab aus meiner Zeit bei ManU ein kleines Polster angesammelt. Das hab ich hier investiert.«

»Gute Idee«, sagte Charlotte. »Immobilien sind ja angeblich sicher.«

Sie grinsten sich an.

Er sah älter aus als auf den Fotos, die sie von ihm kannte. Aber es war auch schon einige Jahre her, dass sie ihn überhaupt wahrgenommen hatte. In der Zeit, als sie in Manchester lebte, war er der Stürmerstar gewesen. Inzwischen spielte er beim 1. FCN als einer von drei Stürmern. Das hatte sie mit Patricks Hilfe im Internet herausgefunden.

»Dana, honey?«, rief Eric nach oben. »Kommst du?«

Charlotte war gespannt auf Erics Freundin. Miller hatte ihr nur gesagt, dass sie als Model arbeite und um einiges jünger sei als Eric. »Aber das ist in diesen Kreisen ja normal«, hatte er hinzugefügt.

Charlotte war sich nicht sicher, was er mit »diesen Kreisen« gemeint hatte. Sie hatte keinen Bezug zu Fußball, kam nur durch Patricks Leidenschaft damit in Berührung.

Sie kannte sich auch nicht mit dem Model-Business aus, auch wenn sie die eine oder andere Folge von Heidi Klums Modelshow gesehen hatte – und darüber eingeschlafen war. Doch ihr war klar, dass Erics Freundin den perfekten Auftritt hinlegte. Langsam schritt sie die Treppe herunter, wohlwissend, dass man zuerst auf ihre endlos langen, perfekten Beine blicken musste. Charlotte beschloss, die Frau wegen dieser Beine zu hassen. Doch als sie das bezaubernde Lächeln sah, musste sie zurücklächeln.

»Frau Braun, das ist Dana Reed, meine Freundin«, sagte Eric. Charlotte hörte den Besitzerstolz in seiner Stimme. Vielleicht hatte Miller gemeint, dass man sich als alternder Fußballstar mit einer jungen, hübschen Frau schmückte.

»Hallo Frau Braun, freut mich«, sagte Dana und reichte Charlotte eine perfekt manikürte Hand. Charlotte wunderte sich, dass sie keinen Akzent hören konnte wie bei Eric. Er sprach zwar ein ausgezeichnetes Deutsch, konnte jedoch seine dänische Herkunft nicht verleugnen. Aus dem Namen hatte Charlotte geschlossen, dass Dana aus einem englischsprachigen Land kam, doch sie konnte nicht den geringsten Akzent ausmachen. *Vielleicht ist sie auch zweisprachig aufgewachsen, wie ich.* Der Gedanke gefiel ihr. Es wäre eine Gemeinsamkeit, die den Job angenehmer machen könnte.

»Mich auch«, erwiderte sie und hielt Danas Hand einen Moment länger als nötig. Sie lag schlaff und kraftlos in ihrer Hand. Es passte so gar nicht zu dem Auftritt kurz vorher. Die rot lackierten Fingernägel hingegen schon. Charlotte warf einen raschen Blick auf ihre eigenen Hände, mit den kurz geschnittenen Nägeln. Am liebsten hätte sie sie versteckt. Sie legte vor allem Wert darauf, dass es schnell ging und praktisch war.

Sie räusperte sich. »Ich habe eine Bitte: Können wir uns beim Vornamen nennen?« Sie wandte sich an Dana. »Wir werden ja doch eine ganze Weile miteinander verbringen, und es wird auf Dauer lästig, dann Frau Reed oder Frau Braun sagen zu müssen. – Wir bleiben natürlich beim Sie«, fügte sie schnell hinzu.

»Ich habe kein Problem damit«, antwortete Dana und auch Eric nickte zustimmend.

»Schön. Ich bin Charlotte, höre aber auch auf Charly.« Sie grinste.

»Charly Brown«, sagte Eric lachend.

»Ja, das ist mein Spitzname«, sagte Charlotte und verdrehte spielerisch die Augen. »Den haben sie mir in Leeds verpasst. Seitdem bekomme ich ihn nicht mehr los.«

»Es könnte schlimmer sein«, meinte Dana. Obwohl sie lachte, bemerkte Charlotte ihre Anspannung.

Auch Eric schien es zu spüren, denn er zeigte Richtung Wohnzimmer und meinte: »Am besten setzen wir uns. Dann können wir die Details besprechen.«

Eric und Dana nahmen nebeneinander auf dem Sofa Platz, Charlotte in einem Sessel gegenüber. So hatte sie die beiden im Blick. Dana bot etwas zu trinken an, doch Charlotte lehnte ab. Sie wollte sich auf die Arbeit konzentrieren.

»Sie haben Drohbriefe bekommen«, sagte sie und beobachtete Eric und

Dana. Eric nickte sofort. Danas rechte Hand schloss sich kurz zur Faust und ihre Mundwinkel zuckten. Doch sie hatte sich schnell wieder im Griff.

»Ja, das geht seit ungefähr acht Wochen so«, sagte Eric. Er wandte sich an Dana. »Es hat irgendwann Ende November angefangen, nicht wahr?«

»Es war am 28. November, es war der Samstag vor dem ersten Advent«, warf Dana tonlos ein. Sie war leichenblass, trotz des sorgfältigen Make-ups. Miller hatte nicht übertrieben. Diese Frau hatte wirklich Angst.

»Wann kam der letzte?«

»Letzten Freitag«, erwiderte Eric.

»Wie viele Briefe dieser Art haben Sie erhalten?«, hakte Charlotte nach.

Eric zuckte die Achseln. »Keine Ahnung. Ein Dutzend vielleicht?« Er schaute fragend zu seiner Freundin, doch die starrte ins Leere.

»Ich weiß, Sie haben das alles bereits mehrmals mit der hiesigen Polizei besprochen«, sagte Charlotte. »Dennoch würde ich es gerne auch noch einmal von Ihnen hören. – Sie wissen, dass ich bisher als Polizistin gearbeitet habe?«

Eric nickte, Dana schwieg.

»Gab es irgendwelche seltsamen Vorfälle, die darauf schließen lassen, dass die Drohbriefe ernst gemeint sind?«, fuhr Charlotte fort.

»Nichts Ungewöhnliches«, antwortete Eric. Er zögerte, warf einen Blick zu Dana, sagte dann vorsichtig: »Ich glaube ja immer noch, dass es ein Fan ist, der sich ärgert.«

Das Model reagierte nicht, schien mit den Gedanken vollkommen abwesend zu sein.

»Ich würde die Drohbriefe gerne sehen, wenn Sie nichts dagegen haben. Sie haben sie hier?«

»Ja, oben.« Eric stand auf. »Ich hole sie.«

Charlotte war versucht, das Schweigen zu brechen, doch sie nutzte die paar Minuten, Dana zu beobachten. Die junge Frau bemühte sich um eine lockere Haltung, aber ihre verkrampften Hände und ihr starrer Blick verrieten ihre Anspannung.

Das Leben ist ungerecht, dachte Charlotte. *Warum gibt sie manchen Frauen alles und anderen nichts?* Neben dem Model, mit den langen blonden Haaren und den ebenmäßigen Gesichtszügen, fühlte sie sich wie Aschenputtel. Dana hatte die langen Beine graziös nebeneinandergestellt, die Füße steckten in silbernen Sandalen mit Absätzen, bei deren Anblick Charlotte schwindlig wurde. Wie konnte man auf so etwas laufen? Dagegen ihre alte Jeans und die abgelatschten Winterstiefel …

Eric kam zurück. »Hier.« Er reichte Charlotte ein paar Blätter. »Sie sind ziemlich verschmiert, die Polizei hat natürlich nach Fingerabdrücken gesucht.«

Charlotte nahm die Seiten und legte sie auf den Glastisch. Es war der Klassiker: Buchstaben, aus Zeitungen und Zeitschriften ausgeschnitten oder ausgerissen und auf weißes Papier geklebt. An den Rändern waren dunkel gefärbte Fingerabdrücke zu erkennen.

»Das sind unsere«, erklärte Eric. »Man denkt ja nicht sofort an polizeiliche Ermittlungen, wenn man einen Brief erhält.«

»Gibt es Umschläge dazu?«, wollte Charlotte wissen.

Eric schüttelte den Kopf. »Nein, sie wurden, zweimal gefaltet, in den Briefkasten geworfen.« Mit einem schnellen Blick zu Dana fügte er hinzu: »Zwei Zettel lagen hinter der Wohnungstür.«

Charlotte starrte auf die Briefe. Die Nachricht war immer dieselbe:

Du hast mein Leben zerstört. Jetzt zerstöre ich deines.

Nicht sonderlich aussagekräftig.

»Gab es anonyme Anrufe?«

»Zweimal hat jemand angerufen und wieder aufgelegt«, meldete sich Dana unvermittelt zu Wort. »Der kann sich natürlich auch nur verwählt haben«, fügte sie in einem Ton hinzu, der klar machte, dass sie nicht daran glaubte.

»Wann war das?«, fragte Charlotte, mehr um Dana am Reden zu halten als aus echtem Interesse.

»Das erste Mal kurz nach dem ersten Drohbrief. Das zweite Mal vor gut zwei Wochen.«

»Du hast mir gar nichts davon gesagt!«, rief Eric erstaunt.

Dana verzog das Gesicht. »Ich kam mir blöd vor. Ich will keine hysterische Kuh sein.«

»Das sind Sie keineswegs«, versicherte Charlotte ihr. »Man muss solche Dinge …«, sie deutete auf die Briefe, »… immer ernst nehmen.« Sie schob die Blätter zusammen. »Es gab also außer den Briefen und womöglich zwei Anrufen keine weiteren Bedrohungen?«

Eric schüttelte den Kopf. »Ich weiß zumindest von keiner. Du?«

Dana schüttelte ebenfalls den Kopf, aber Charlotte hatte den Eindruck, sie verheimliche etwas. Vielleicht würde sie in einem Gespräch von Frau zu Frau eher etwas sagen. Und dazu hatten sie jede Menge Zeit.

»Gut«, sagte sie. »Wie soll das Ganze ablaufen?«

»Es wäre gut, wenn Sie immer anwesend sein könnten, wenn ich nicht da bin«, sagte Eric. Er warf seiner Freundin einen liebevollen Blick zu. »Ich will, dass Dana sich sicher fühlt.«

Dana schenkte ihm ein unsicheres Lächeln.

Zwischen den beiden gibt es Spannungen, dachte Charlotte. Laut sagte sie zu Eric: »Wie sieht Ihr Tagesablauf aus?«

»Ich bin täglich außer Montag beim Training. Wenn am Samstag Spiel ist, fahre ich am Freitagnachmittag mit der Mannschaft ins Mannschaftshotel. Ist das Spiel am Sonntag, entsprechend am Samstag, ist es am Freitagabend, am Donnerstag. Ich komme dann Sonntag beziehungsweise Montag wieder zurück.«

Charlotte nickte. Miller hatte ihr gesagt, dass sie vor allem am Wochenende würde arbeiten müssen, das war kein Problem. Natürlich war es nicht schön, dass Patrick ausgerechnet am Wochenende allein sein würde, aber er könnte sie sicher ab und zu besuchen kommen.

»Sie können hier wohnen«, sagte Eric. »Wir haben oben ein Gästezimmer mit eigenem Bad.«

»Oh.« Charlotte war überrascht. »Das wusste ich nicht. Davon hat mir auch niemand etwas gesagt.« Sie überlegte kurz, sagte dann: »Ich habe eine Wohnung gemietet, wir sind vorgestern eingezogen. Mein Sohn und ich«, fügte sie hinzu. »Er ist 15 und sehr selbstständig. Vermutlich ist er froh, wenn ich aus dem Haus bin.« Sie lachte. »Dennoch würde ich es bevorzugen, zu Hause zu wohnen, wenn Ihnen das recht ist. – Natürlich werde ich an den Wochenenden hier übernachten, keine Frage.«

Eric schaute zu Dana, die nickte. »Kein Problem von unserer Seite. Sie müssen flexibel sein, das ist das Wichtigste.«

»Das bin ich«, versicherte Charlotte und stand auf. »Wann fange ich an?«

»Ich habe morgen um zehn Training. Können Sie um neun hier sein?«

Charlotte nickte. »Natürlich.« Sie reichte Dana die Hand. »Dann bis morgen.«

»Ja.« Wieder war Danas Händedruck ungewöhnlich schlaff für jemanden, dessen Kapital der eigene Körper war und der ihn eigentlich unter Kontrolle haben sollte.

»Ich bringe Sie zur Tür«, sagte Eric und schob Charlotte vor sich her.

Aus den Augenwinkeln heraus sah Charlotte, wie Dana zur Treppe ging. Ihre Schritte waren wacklig, einmal stolperte sie beinahe. Sie musste unter ungeheurem Druck stehen.

»Brauchen Sie einen Vorschuss?«, fragte Eric an der Tür.

Charlotte war versucht, Ja zu sagen, schüttelte dann jedoch den Kopf. Als Bodyguard sollte man sich keine Blöße geben.

»Bis morgen«, sagte sie und reichte auch Eric die Hand. Er hielt sie fest.

»Ich wollte es vorhin nicht sagen. Ich halte das Ganze für eine harmlose Spinnerei, die sicher gegen mich gerichtet ist. Aber Dana …«, er schaute sich um, ob sie ihn nicht doch hören konnte, »… Dana ist zutiefst verunsichert. Sie glaubt fest daran, dass die Drohungen ihr gelten.« Er seufzte. »Sie redet nicht mit mir. Sie sagt immer nur, dass sie Angst habe. Sie sind vor allem da, um sie zu beruhigen.«

»Ist mir klar«, sagte Charlotte. Im Endeffekt war es ihr egal, wofür sie bezahlt wurde. Action hatte sie genug in ihrem Leben gehabt, es durfte ruhig etwas entspannter werden. »Wir sehen uns morgen früh«, wiederholte sie und zog ihre Hand weg.

III

Die ersten Tage verliefen ruhig. Zunächst machte Charlotte sich mit der Wohnung vertraut und konnte feststellen, dass das Penthouse gut geschützt war. Es gab eine Kamera an der Haustür und eine an der Wohnungstür. Beide Türen hatten ein Sicherheitsschloss, das nur ein Profi knacken konnte. Zusätzlich hatte Rasmussen rund um das Haus Bewegungsmelder installieren lassen. Mehr Sicherheit war kaum möglich.

Gerade deshalb konnte sie gut verstehen, dass Dana beunruhigt war, weil zwei Drohbriefe hinter der Wohnungstür gelegen hatten. Charlotte überprüfte den Spalt zwischen Boden und Tür. Es war sehr schwierig, etwas darunter durchzuschieben, aber es war nicht unmöglich. Und es gab viele Möglichkeiten, in ein Haus zu gelangen. Man klingelte, rief »Werbung« oder »Post« und wurde eingelassen.

Die Wohnung strahlte Luxus und Glamour aus, wirkte aber kalt und seelenlos. Überall an den Wänden hingen Fotos, manche von Eric im Fußballdress, die meisten von Dana. Es waren Modeaufnahmen, die zwar professionell, aber auch unpersönlich wirkten.

Es gibt kein Foto mit den beiden zusammen. Und auf keinem lachen sie. Charlotte fragte sich, welche Art von Beziehung die beiden führten.

Im ersten Stock befanden sich die Küche, eine Toilette, das Wohnzimmer sowie ein Zimmer, in dem ein Schreibtisch stand. Charlotte hatte allerdings nicht den Eindruck, dass darin viel gearbeitet wurde. Im zweiten Stock waren zwei Schlafzimmer – ein großer Raum mit King-Size-Bett und einem Kleiderschrank und ein kleineres Zimmer mit einer Kommode und einem schmalen Bett. Dazwischen lag ein riesiges Badezimmer, in dem Charlottes eigenes Zimmer Platz gehabt hätte. Vom großen Schlafzimmer ging noch ein weiterer Raum weg.

»Was ist das?«, fragte Charlotte.

»Mein Kleiderschrank, wenn Sie so wollen«, erwiderte Dana und lächelte schüchtern.

Fasziniert stand Charlotte in dem Raum. Klar, ein Model besaß berufsbedingt mehr Kleidung und Schuhe als normale Frauen; aber Danas Kleider*schrank* sprengte Charlottes Vorstellungskraft um einiges.

»Wie viele sind das?«, fragte sie angesichts der unzähligen Schuhschachteln.

Dana lächelte schief. »Ich fürchte, ich bin eine typische Frau. Ich habe einen Schuhtick.« Sie taxierte die Regale, als sehe sie sie zum ersten Mal. »Es müssen um die 200 Paar sein«, sagte sie dann, als sei es vollkommen normal, so viele Schuhe zu besitzen.

Dann bin ich keine typische Frau, dachte Charlotte zynisch. Sie hatte, wenn es hochkam, gerade mal zehn Paar Schuhe in der Garderobe stehen. Sie konnte sich nicht erinnern, wann sie das letzte Paar gekauft hatte. Sicher nicht in München.

»Woher wissen Sie, welches Paar in welcher Schachtel steckt?«

Dana zog einen Karton heraus und öffnete ihn. Zum Vorschein kamen dunkelrote Highheels mit goldenen Streifen.

»Wow«, entfuhr es Charlotte. »Mit denen würde ich mir die Beine brechen.«

»Alles eine Frage der Übung«, gab Dana zurück. »Sie sind nach Farben sortiert«, beantwortete sie schließlich Charlottes vorherige Frage. Sie beschrieb mit der Hand einen Halbkreis an den Regalen entlang. »Von Weiß nach Schwarz.« Sie schaute auf Charlottes Füße, die in Sneakers steckten. »Welche Größe haben Sie?«

»39«, sagte Charlotte und schämte sich für ihre abgenutzten Schuhe. Aber sie waren nun mal bequem und notfalls konnte sie in ihnen rennen. Nicht, dass sie glaubte, es würde notwendig werden.

»Das passt«, erwiderte Dana erfreut. »Wir haben dieselbe Größe.«

»Ich würde mir gern den Rest der Wohnung anschauen«, sagte Charlotte schnell. Sie hatte Panik, sie müsste womöglich die Highheels anprobieren.

»Es gibt nur noch unser ›Gästezimmer‹«, sagte Dana und schrieb Gänsefüßchen in die Luft. »Ich fürchte, wir missbrauchen es auch als Rumpelkammer.« Sie öffnete die Tür. »Ich werde noch aufräumen, bevor Sie das erste Mal hier übernachten.«

»Nicht nötig«, erwiderte Charlotte. Das Zimmer war das einzig gemütliche der Wohnung. Es herrschte ein gewisses Chaos, aber genau das machte seinen Charme aus.

»Wer wohnt in der Wohnung im Erdgeschoss?«, wollte Charlotte wissen, während sie die Treppe wieder hinuntergingen.

»Das ist Frau Friedrich«, sagte Dana. »Sie ist eine reiche Witwe und viel auf Reisen. Vor zwei Jahren hat sie ihre Liebe für Kreuzfahrten entdeckt.«

»Wer kümmert sich um die Wohnung, wenn sie nicht da ist?«

Dana zuckte die Achseln. »So eine Art Hausmeisterservice, glaube ich. Ich habe wenig Kontakt mit ihr.«

»Haben Sie einen Schlüssel ihrer Wohnung oder Frau Friedrich einen von Ihnen?«

Dana schaute sie an, als sei sie von allen guten Geistern verlassen. »Natürlich nicht«, empörte sie sich. Dann schien sie sich zu besinnen, welchen Eindruck das machen könnte und ergänzte: »Verstehen Sie mich nicht falsch. Frau Friedrich ist nett und sie ist eine angenehme Nachbarin. Aber sie ist über 70, nicht gerade meine Altersklasse.«

Charlotte hob abwehrend die Hände. »Ich wollte nur alle Möglichkeiten überprüfen.« Sie trat auf den Balkon, der von der Küche aus auf die Volbehrstraße zeigte. Miller hatte recht gehabt: Es war ein leichter Job – zumindest was die Gegend betraf. Eine ruhige Seitenstraße, wunderbar grün, mit alten und neuen Häusern. Es gab viele Familien, ein paar Firmen, darunter einige Immobilienmakler, Versicherungsagenten und Rechtsanwälte beziehungsweise Steuerberater. Die klassische Verteilung für eine Gegend, die nach Geld roch.

»Hier lässt es sich sicher angenehm wohnen«, sagte sie.

»Im Prinzip ja«, bemerkte Dana neben ihr.

Charlotte wandte sich zu ihr. »Keine Bange, es wird nichts passieren. Dafür bin ich ja jetzt da.« Sie lehnte sich vor und warf einen Blick auf den Garten. Das Haus, in dem die Penthouse-Wohnung lag, war eines von zweien, die in einem großen, gut abgeschirmten Grundstück standen. Die Garagen an der Straßenseite des Grundstücks waren von Wein überwuchert, zwei riesige Kiefern und zwei Laubbäume verhinderten die direkte Sicht in die Wohnungen.

»Wer wohnt hier?«, fragte sie und zeigte auf das Zwillingshaus nebenan.

»Im ersten Stock wohnt ein Architekt mit seiner Frau«, erklärte Dana. »Er ist schon in Rente, übernimmt aber nebenbei immer noch ein paar Aufträge. Ich habe keine Ahnung, was sie macht. Und unten …«, sie seufzte, »… unten zieht wohl gerade jemand ein. Seit ein paar Wochen ist dort eine Baustelle. Es ist ein ständiges Kommen und Gehen, und der Lärm war zu Beginn schrecklich.«

Charlotte beugte sich weiter vor, um einen genaueren Blick auf die untere Wohnung im Nachbarhaus werfen zu können. Außer einem rot-weiß gestreiften Absperrband, das in der Terrassentür klemmte und im Wind flatterte, war von einer Baustelle nichts zu sehen oder zu hören. Vermutlich waren die Umbauarbeiten bereits abgeschlossen.

»Wissen Sie, wer da einziehen wird?«

Dana schüttelte den Kopf.

****

Am nächsten Tag kam eine junge Polin, die putzte und die alltäglichen Einkäufe erledigte. Für einen Moment hegte Charlotte den Verdacht, sie könnte die Drohbriefe geschrieben haben. Sofort schämte sie sich für das Vorurteil, das sie hegte. Und als sie Agata reden hörte, war klar, dass sie die Drohbriefe nicht fehlerfrei hinbekommen hätte. Außer sie hatte einen Komplizen, der der deutschen Sprache mächtiger war als sie … Charlotte verwarf den Gedanken.

Dana machte keine Anstalten, die Wohnung zu verlassen. Stundenlang saß sie im Wohnzimmer und blätterte in Modezeitschriften. Charlotte bemühte sich mehrmals, ein Gespräch zu beginnen, doch Danas einsilbige Antworten machten das Unterfangen extrem schwer. Am dritten Tag gab sie auf. Sie hatte sich ein Buch mitgebracht, setzte sich auf die Terrasse im oberen Stockwerk – auf der Rückseite des Hauses und nicht einsehbar – und las.

Als Eric mit der Mannschaft nach Hannover fuhr, brachte Charlotte eine Reisetasche mit und richtete sich im Gästezimmer ein. Sie fragte sich, ob Dana sich das Spiel anschauen würde, aber Samstagmittag schlug Dana überraschend vor, in die Stadt zu fahren.

Charlotte stimmte natürlich zu. Dana war der Boss und sie würde tun, was Dana sagte. Außerdem war sie dankbar für jede Unterbrechung.

In der Garage standen zwei Wagen.

»Das ist Erics«, sagte Dana und deutete auf einen dunklen Boxster Spyder.

»Schön«, fühlte Charlotte sich verpflichtet zu sagen. Ein Auto war ein Fortbewegungsmittel, mehr nicht. Sie hatte ihres vor drei Monaten verkauft, um wieder etwas Geld in die Haushaltskasse zu bringen.

Danas Wagen war ein Z4 Roadster in Metallicblau. »Der gehört mir«, sagte Dana überflüssigerweise.

»Gefällt mir besser«, sagte Charlotte und wollte zur Beifahrerseite gehen.

»Wollen Sie fahren?«, fragte Dana und hielt ihr den Schlüssel hin.

Charlotte zögerte nur kurz. »Wenn Sie mich lotsen?«, erwiderte sie. »Ich kenne mich in Nürnberg noch nicht so gut aus.«

»Kein Problem.«

Sie tauschten die Seiten.

Charlotte musste zugeben, dass es sich gut anfühlte. Dana lotste sie sicher über die Kieslingstraße zur Äußeren Bayreuther Straße. »Über den Ring ginge es schneller, aber wir fahren einfach geradeaus«, sagte Dana und schloss die Augen.

»Alles klar.«

Es war wenig Verkehr und Charlotte konnte die Fahrt genießen. Sie schaute immer mal wieder in den Rückspiegel, doch ein potenzieller Verfolger war nicht zu erkennen. Dana schien sich darüber auch keine Gedanken zu machen. Charlotte fragte sich, ob die Angst vor einem Stalker womöglich nur vorgetäuscht war, um sich wichtig zu machen. Doch ihre Furcht am ersten Tag hatte echt gewirkt. Oder war sie nur eine hervorragende Schauspielerin? Charlotte schüttelte den Kopf. Sie glaubte es nicht. Und selbst wenn alles nur vorgetäuscht wäre – war es nicht egal, weshalb sie engagiert worden war?

Als rechts von ihnen eine Grünanlage auftauchte, wollte Charlotte wissen, was das für ein Park sei.

»Der Stadtpark«, murmelte Dana, ohne die Augen zu öffnen.

Rechts tauchte immer wieder die mächtige Burg auf. Sobald es wärmer war, würde sie mit Patrick eine Führung machen. Die Lochgefängnisse sollten besonders spannend sein. Noch allerdings hatte der Winter Deutschland fest im Griff. Aber es war ja auch erst Ende Januar.

»Da vorne geht's rechts«, sagte Dana.

Sie bogen in die Äußere Laufer Gasse ein, dann in die Laufer Gasse, schließlich in die Theresienstraße.

»Hier links«, kommandierte Dana. »Da vorne ist das Parkhaus.« Sie öffnete das Handschuhfach, holte eine Karte heraus und reichte sie Charlotte. »Ich habe einen Dauerparkausweis. Einfach an den Automaten halten.«

Charlotte bog in das Parkhaus ein und hielt die Karte gegen den Automaten. Die Schranke ging hoch und sie fuhren hinein.

»Ganz oben ist am meisten Platz.«

Dana schien häufig in die Stadt zu fahren. Sie parkten den Wagen und fuhren mit dem Aufzug wieder nach unten. Sie hätten zwei Freundinnen sein können, die gemeinsam zum Shoppen gingen, oder vielleicht eher Mutter und Tochter. *Da hätte ich früh anfangen müssen*, dachte Charlotte. Sie war unschlüssig, was das Alter des Models anging. Sie wirkte oft wie ein Teenager, dann wieder wie eine sehr reife Frau. Charlotte tippte auf Mitte zwanzig.

Es folgte ein Marathon durch Nürnbergs Schuhgeschäfte. Dana war überall bekannt, wurde von vielen Besitzern und auch Verkäuferinnen mit Küsschen links, Küsschen rechts begrüßt. Sie stellte Charlotte als »eine Bekannte aus München« vor. Dann ließ sie sich die neuesten Modelle zeigen, probierte einige an, stolzierte im Laden auf und ab, kaufte jedoch nichts. Man schien es gewohnt zu sein.

In den ersten Läden schaute Charlotte sich noch die Schuhe an, doch ein Blick auf das Preisschild ließ sie schlucken. 600 Euro für ein paar Pumps? Das war doch lächerlich! Schnell überschlug sie den Wert der 200 Paar

Schuhe, die Dana bereits besaß. Charlotte schluckte noch einmal. Selbst wenn man nicht für jedes Paar 600 Euro ansetzte, kam man auf eine stolze Summe! Wessen Geld war es, das Dana investierte – Erics oder ihr eigenes? Verdiente man als Model so viel? Charlotte hatte keine Ahnung. Sie nahm sich vor, Dana zu googeln, sobald sie wieder zu Hause war.

Amüsiert, aber auch überrascht betrachtete sie das Gewusel, das nach wenigen Minuten im Laden herrschte. Dana saß inmitten eines Haufens von Schuhkartons und Schuhen, zwei bis drei Verkäuferinnen kümmerten sich nur um sie, während andere Kundinnen allein gelassen wurden.

Charlotte fragte sich, wie viel Umsatz den Läden durch die Lappen ging. Die *normalen* Kundinnen hätten vielleicht etwas gekauft, hätte man sie bedient. Oder wollte man sich Dana gewogen halten, für den Fall, dass sie doch einmal Geld locker machte?

Wo es möglich war, stellte Charlotte sich ans Schaufenster und beobachtete die Passanten. Die meisten Läden ließen den Blick nach außen jedoch nicht zu oder die Damenabteilung befand sich im ersten Stock. Notgedrungen beobachtete sie dann das Treiben im Laden, musste neidvoll feststellen, dass Dana sich auf 15 Zentimeter-Highheels bewegte, als ginge sie in Badelatschen. Und ihre endlos langen Beine wurden noch länger. Das Leben war wirklich grausam.

Allmählich taten Charlotte die Füße weh, doch Dana schien nicht müde zu werden, trotz der unbequemen Schuhe, die sie trug.

»Wollen Sie nicht auch einmal ein Paar anprobieren?«, fragte sie im nächsten Laden.

»Nein, danke.« Charlotte schüttelte den Kopf. Sie sagte nicht, dass sie sich die Schuhe weder leisten konnte noch wollte. Für sie war das reine Geldverschwendung.

Auch in diesem Laden überprüfte sie routinemäßig die Lage. Vier sehr junge, modisch gestylte Verkäuferinnen warteten darauf, dass Kundschaft kam. Als Dana die Tür öffnete, stürmten sie auf sie zu. Auch hier war das Model bekannt, sie bekamen Kaffee und Wasser angeboten. Charlotte nahm beides dankbar entgegen.

Sie nippte am Kaffee und beobachtete durch das Schaufenster die Passanten auf der Kaiserstraße. Alle waren dick eingepackt gegen die ewige Winterkälte. Eine ältere Frau stand vor dem Schaufenster, legte die Hand über die Augen, um besser sehen zu können, und starrte in den Laden herein. Charlotte beobachtete sie aus den Augenwinkeln. *Frau Mitte fünfzig, hat schon bessere Zeiten gesehen, kann sich hier nichts leisten*, war ihr Fazit. Sie wandte sich den anderen Fußgängern zu.

Als die Ladentür klingelte, stellte sie überrascht fest, dass es die Frau vor dem Schaufenster war. Die neue Kundin sah sich um, blieb dann mit ihrem Blick an Dana hängen. Charlottes Muskeln spannten sich. Ihr Instinkt sagte ihr, dass die Frau harmlos war, aber sie durfte Dana nicht das Gefühl geben, sie habe die Lage nicht unter Kontrolle.

»Ich kenne Sie«, rief die Kundin in den Laden hinein. Ihre Stimme klang überraschend böse. Sie ging langsam auf Dana und die Verkäuferinnen zu.

Dana erstarrte. Aus ihren Augen sprach die nackte Angst.

Kennen die sich?, wunderte Charlotte sich, wollte aber kein Risiko eingehen. Sie lief zu der Frau, nahm sie sanft an den Schultern und drehte sie in Richtung Tür. »Heute ist leider kein öffentlicher Verkauf«, sagte sie. »Haben Sie das Schild nicht gesehen?« Sie deutete zur Tür, schaute sich dann verwundert um, sagte: »Oh, es ist wohl runtergefallen.« Sie öffnete die Tür, schob die Frau hinaus und fügte hinzu: »Kommen Sie doch an einem der nächsten Tage wieder, dann hat man Zeit für Sie.«

»Aber ich will doch nur …«, sagte die Frau verwirrt.

»Morgen«, beschied ihr Charlotte, schloss die Ladentür und stellte zur Vorsicht ihren Fuß dagegen. Die Frau blieb noch eine Weile stehen, versuchte durch die Tür in den Laden hineinzuschauen, was Charlotte aber mit ihrem Körper zu verhindern wusste, und gab schließlich auf.

Charlotte atmete auf. *So unhöflich war ich noch nie!,* dachte sie. Sie wandte sich um. Dana stand mitten im Laden und war leichenblass. Charlotte lief zu ihr und zwang sie mit sanfter Gewalt, sich wieder zu setzen.

»Es war nur eine harmlose Frau«, sagte sie beschwörend.

»Ja«, erwiderte Dana tonlos, doch ihr Gesicht sagte etwas anderes.

»Lassen Sie uns bitte einen Moment allein«, bat Charlotte die Verkäuferinnen, die sich daraufhin hinter einen dicken Vorhang an der Rückseite des Ladens zurückzogen.

»Wir sollten nach Hause fahren«, schlug Charlotte vor.

Dana nickte. Dann sagte sie unvermittelt: »Ich habe Hunger. Ich weiß ein kleines Restaurant, oben an der Sebalduskirche. Da sind wir sicher.« Sie warf Charlotte einen eigentümlichen Blick zu, fügte noch hinzu: »Ich lade Sie ein.«

Charlotte wollte widersprechen, war aber froh, dass Dana die Episode nicht allzu ernst zu nehmen schien, und stimmte zu. Sie dankten den Verkäuferinnen und verließen den Laden. Charlotte sah sich sorgfältig um, aber die Frau war nirgends zu sehen. Sie schlug vor, ein Taxi zu nehmen, doch Dana wollte laufen. »Es sind nur ein paar 100 Meter«, sagte sie.

Sie gingen über den Schleifersteg und überquerten die beiden Arme der

Pegnitz, stiegen die Karlstraße hoch Richtung Burg. Am Weinmarkt blieb Dana vor einem schmalen Fachwerkhaus stehen und zog an einer altertümlichen Klingel. *Essigbrätlein* stand groß über dem Lokal. *Witziger Name*, dachte Charlotte und wollte einen Blick auf die handgeschriebene Speisekarte werfen. Doch da öffnete sich die Tür.

Auch hier war Dana bekannt und ein gern gesehener Gast. Charlotte wurde ebenfalls ausgesprochen herzlich begrüßt. Sie gelangten in eine winzige Gaststube, in der höchstens 30 Menschen Platz hatten. Charlotte verstand sofort, warum Dana sich hier sicher fühlte. Es herrschte eine heimelige Atmosphäre, beinahe wie in einem Wohnzimmer.

Als sie die Preise auf der Speisekarte sah, wurde sie blass. Dana schien es bemerkt zu haben, denn sie legte ihr eine Hand auf den Arm und sagte leise: »Keine Bange, ich kann mir das locker leisten.«

Das Essen war ausgezeichnet. Dana hatte sich mit einem fragenden Blick auf Charlotte ein Glas Weißwein zum Fisch bestellt. Der Alkohol löste allmählich ihre Angespanntheit. Charlotte hoffte, sie würde dadurch mehr von Dana erfahren, doch das Model rückte nichts heraus, was Charlotte nicht schon wusste. Vermutlich hegte sie durch ihren Job ein grundsätzliches Misstrauen gegen fremde Menschen. Charlotte seufzte innerlich. Es würde eine schwere Aufgabe werden, etwas aus Dana herauszubekommen.

IV

Patrick hasste Nürnberg. Die Wohnung war zwar gemütlich, aber deutlich kleiner als die in München. Nur sein Zimmer war tatsächlich größer – wie seine Mutter es versprochen hatte. Auch die Wohnküche war okay, eigentlich sogar recht gemütlich. Doch damit hörten die Vorteile bereits auf. Das Viertel, in dem sie jetzt wohnten, erinnerte nicht im Geringsten an Manchester, alles wirkte spießig und öde. Da hatte Mama schlichtweg gelogen.

Die Schule war wirklich nur gut zehn Minuten entfernt, aber die Schüler dort waren das Letzte. Seit knapp drei Wochen ging Patrick nun in die Adam-Kraft-Realschule, doch bisher hatte er niemanden gefunden, mit dem er mehr als fünf Worte gewechselt hätte. Seine Klasse bestand aus zwei Gruppen, in die kein Hineinkommen möglich schien. Die Schüler der Parallelklasse beachteten ihn überhaupt nicht und auch sonst hatte er bisher keinen Anschluss gefunden. Patrick redete sich ein, dass es ihm egal war.

Seine einzige Hoffnung war das Versprechen seiner Mutter, ihn in den nächsten Tagen mit Eric Rasmussen bekannt zu machen. Hoffentlich hatte sie nicht lauter peinliche Dinge über ihn erzählt. Obwohl – nein, das war unfair. Mama war im Prinzip in Ordnung. Patrick wusste nicht, was genau in München vorgefallen war, doch es musste etwas Schlimmes gewesen sein, sonst hätte sie nicht Knall auf Fall ihren Job verlassen. Sie war Polizistin aus Leidenschaft, da schmiss man nicht einfach so hin.

Laut seiner Mutter hatte Erics Freundin ihm vorgeschlagen, Patrick doch mal zu einem Spiel oder einem Training mitzunehmen. Das fand Patrick klasse. Der Stürmer hatte zwar seine Glanzzeiten längst hinter sich, dennoch war es sicher interessant, mit ihm über Fußball zu reden. Vor allem könnten sie über ManU reden; die waren allemal spannender als der Versager-Club der Nürnberger. Zwar hatte der FCN das letzte Spiel gegen Hannover gewonnen, noch dazu auswärts, aber am Ende der Saison würden sie ja doch wieder absteigen. Und es wäre besser für alle Beteiligten, wenn sie endgültig in der 2. Bundesliga blieben. Da war Patrick sich sicher.

Anfang Februar durfte Patrick seine Mutter bei der Arbeit besuchen. Von dem, was sie ihm bisher erzählt hatte, hatte er zwar nicht den Eindruck, dass es wirklich Arbeit war, aber immerhin verdiente sie Geld damit. Und sie war wieder besser drauf als die Wochen zuvor. Auch das war viel wert, machte es das Auskommen mit ihr doch angenehmer.

Patrick fuhr mit der U2 bis zum Nordostbahnhof, dann weiter mit dem Bus 46 Richtung Martha-Maria-Krankenhaus. *Spitalhof* musste er aussteigen, dann waren es nur noch ein paar Meter bis zu Rasmussens Haus. Mama hatte ihm einen genauen Plan gezeichnet.

Die Gegend wirkte teuer. Mehrheitlich standen dunkle Limousinen am Straßenrand, aber auch Kleinwagen, meistens mit einem Kindersitz hinten. Der Zweitwagen für die Frau. Patrick schnaubte. Wer hier wohnte, hatte es eindeutig geschafft. Er verglich die Volbehrstraße mit der spießigen Ammanstraße und gestand sich ein, dass es hier zwar nobler, aber vermutlich auch sehr viel langweiliger war.

Er klingelte bei der Nummer 7 und schnitt eine Grimasse Richtung Kamera. Seine Mutter verdrehte jetzt sicher die Augen. Patrick konnte sich ein Grinsen nicht verkneifen. Sie war so leicht zu durchschauen. Für eine Polizistin war das sicher nicht gut. Aber die Verbrecher, die sie früher gejagt hatte, kannten sie zum Glück nicht so gut wie er.

Patrick war überrascht, als Eric vor ihm stand und ihm die Hand entgegenstreckte. »Hallo, du bist sicher Patrick.«

Patrick erinnerte sich an die Mahnung seiner Mutter, höflich zu sein, und schluckte ein »Wer denn sonst?« runter. Stattdessen sagte er: »Ja, bin ich. Freut mich, Sie kennenzulernen.«

»Mich auch«, sagte Eric und trat zur Seite. »Aber wir sagen doch Du zueinander, oder? Von Fußballfan zu Fußballfan.« Er zwinkerte ihm zu. »Komm rein.«

Seine Mutter hatte nicht übertrieben. Die Wohnung war der Hammer! Alles schrie ihm entgegen: Sieh her, ich bin teuer, ich habe viel Geld gekostet. Ob er sich jemals so eine Wohnung leisten können würde? Als Spitzenfußballer wäre das kein Thema, aber leider reichte sein Talent nicht aus.

»Hallo Patrick«, sagte seine Mutter. Für einen Moment befürchtete er, sie könne ihm einen Kuss geben oder ihm über die Haare streichen. Doch zum Glück verzichtete sie darauf und winkte ihm nur lässig zu. Manchmal konnte sie wirklich cool sein. Leider viel zu selten.

»Ich hab mir gedacht, wir fahren gleich los«, sagte Eric. Er sah auf seine goldene Armbanduhr. Patrick tippte auf eine Rolex. »Ich muss in einer guten Stunde beim Training sein. Du könntest zuschauen, und vielleicht kann ich dir ein paar meiner Teamkollegen vorstellen.«

»Das wäre megacool«, sagte Patrick. Er winkte seiner Mutter zu und übersah ihren mahnenden Blick. Manchmal behandelte sie ihn immer noch wie ein Baby!

Vom Boxter Spyder war Patrick ehrlich beeindruckt. Es war klasse, so tief über der Straße zu sitzen. Der Motor hatte einen satten Klang. *So ein Auto kauf ich mir auch mal*, dachte Patrick, während sie durch die Stadt fuhren. Er wünschte, seine Klassenkameraden könnten ihn jetzt sehen. Ob sie dann mit ihm reden würden?

»Und? Wie gefällt es dir in Nürnberg?«, wollte Eric wissen.

Als Antwort gab Patrick nur ein verächtliches Schnauben von sich.

Eric lachte. »Ja, so ging's mir am Anfang auch. Ich dachte, ich halte es hier keine vier Wochen aus.«

Erstaunt schaute Patrick zu dem Fußballer. Er war älter, als er ihn in Erinnerung hatte, aber das war kein Wunder. Es war Jahre her, dass er bei ManU gespielt hatte.

»Du hast auch mal in Manchester gelebt?«, fragte er weiter.

»Ja«, sagte Patrick. »Sechs Jahre lang. Es war eine tolle Zeit.«

»Du warst ManU-Fan?«

»Ja, aber ich konnte nicht oft zu den Spielen.«

Eric schaute ihn an. »Warum nicht?«

»Lange Geschichte«, sagte Patrick nur. Er hatte keine Lust, von Jacob, Mamas damaligem Freund, zu erzählen. Der hatte nur seine Musik im Kopf und konnte nichts mit Fußball anfangen. Zum Glück hatten ihn manchmal seine Freunde ins Stadion mitgenommen.

»Du wirst sehen, es ist gar nicht so schlimm hier«, sagte Eric. »Die Provinz hat auch ihre Vorteile.« Er lachte.

»Hmm«, machte Patrick. Was hätte er auch darauf antworten sollen? Das er Eric nicht glaubte? Dass er es sich nicht vorstellen konnte, sich in dieser kalten, grauen Stadt jemals wohl zu fühlen?

Eric schien seine Gedanken lesen zu können, denn er sagte: »Warte mal den Frühling ab, dann ist Nürnberg eine richtig grüne Oase. Der Winter ist ein schlechter Zeitpunkt, um umzuziehen.«

Patrick machte wieder nur »hmm« und unterließ es, Eric darauf hinzuweisen, dass er der eigentliche Grund für ihren Umzug nach Nürnberg war.

»Da drüben ist das Stadion«, sagte Eric und deutete nach rechts. »Ich schau mal, vielleicht kann ich eine Führung für dich organisieren.«

»Das wäre cool«, sagte Patrick. Er suchte das Stadion, konnte aber vor allem die Flutlichtanlagen sehen. »Was ist das davor?«, wollte er wissen. »Diese Mauern?«

»Das ist das Reichsparteitagsgelände. Da fanden die Aufmärsche der Nazis statt«, erwiderte Eric. Er schaute Patrick an. »Weißt du über Nürnbergs Rolle im Dritten Reich Bescheid?«

»Ich hab was von Nürnberger Prozessen gehört«, sagte Patrick. Er kramte in seinem Gedächtnis. Geschichte war nicht gerade sein Lieblingsfach.

»Die waren hinterher«, erklärte Eric. »Nürnberg war so was wie Hitlers Lieblingsstadt.« Er deutete nach hinten. »Es gibt ein gutes Dokumentationszentrum, das solltest du dir mal anschauen.« Eric bog links ab in die Valznerweiherstraße und gleich darauf noch einmal links auf das Club-Gelände. »Aber lass uns mal auf angenehmere Themen kommen. Wir sind da.«

Patrick schaute verblüfft auf das *Hilton Hotel*, das das Gelände dominierte. Rechts davon befand sich ein niedrigeres Gebäude, an dessen Vordach *1.-FCN-Verwaltung* stand.

»Wir müssen da lang«, sagte Eric und zeigte nach links. Sie kamen am Fan-Shop vorbei, wo Eric kurz den Kopf hineinsteckte und »Hallo!« rief. Ein herzliches »Hallo Eric!« schallte zurück. Patrick war stolz, dass er zusammen mit dem beliebten Fußballer gekommen war.

»Hier ist das im Sommer sehr volle Club-Bad«, sagte Eric und bog rechts ab. »Das ist unser Vereinsheim« – er zeigte auf einen Flachbau mit Namen *Stuhlfauth-Stuben* – »und das ist das Trainingsgelände.«

»Was ist das für ein komischer Name?«, wollte Patrick wissen. »Stuhlfauth?«

»Lass bloß keinen hören, dass du den Namen komisch findest«, warnte Eric, schmunzelte aber. »Heiner Stuhlfauth war und ist immer noch *die* Legende beim Club. Er war von 1916 bis 1933 Torhüter und hat über 600 Spiele für den Club absolviert. Er hatte immer einen grauen Pullover an und eine Schiebermütze auf. Jeder kannte ihn.« Erics Stimme klang neidisch. »Wenn du ins Vereinsheim gehst, kannst du ihn gar nicht übersehen.«

Das Training war an diesem Tag nicht öffentlich und es gab einen kurzen Disput zwischen Eric und dem Co-Trainer, weil er Patrick mitgebracht hatte. Doch schließlich durfte Patrick bleiben. Es war weit weniger spannend, als er es sich vorgestellt hatte, außerdem war es saukalt. Dennoch war es besser als allein daheim herumzuhängen, vor der Glotze oder dem PC. Er wäre gerne auf dem Gelände herumgelaufen, traute sich jedoch nicht. Er wollte nicht, dass Eric seinetwegen Ärger bekam, er war ja doch ein netter Typ.

Nach dem Training stellte Eric Patrick einige seiner Teamkollegen vor. Darunter waren Timo Hartmann und Harald Mägerlein, die beiden Stürmerkollegen von Eric. Natürlich hatte Patrick schon von ihnen gehört.

Hartmann, der Kapitän des Teams, hatte eine ziemlich wilde Jugend hinter sich und war nur dank des Fußballs nicht im Gefängnis gelandet. Er wurde immer als leuchtendes Vorbild hingestellt, wenn wieder mal jemand ausrastete. Mägerlein dagegen galt als große Stürmerhoffnung des Club. Er war ein Eigengewächs des Clubs, war erst vor einem Jahr von der U21 zur ersten Mannschaft geholt worden.

Timo Hartmann hatte wenig Zeit und verschwand nach wenigen Minuten. Harald Mägerlein beantwortete aber bereitwillig Patricks Fragen. Er wirkte kaum älter als er selbst. »Nenn mich Harry, das sagen hier alle«, sagte er lachend.

Patrick hätte auch gerne Raphael Schäfer, den Torwart, kennengelernt, aber der musste zu einem dringenden Termin.

»Es klappt sicher das nächste Mal«, tröstete Eric ihn. »Ich habe aber eine Überraschung für dich. Ich hab mit unseren Presseleuten gesprochen. Wenn du willst, kannst du am Samstag vor dem Spiel an einer Führung durch's Stadion teilnehmen. Und das Spiel gegen Stuttgart kannst du natürlich auch anschauen, wenn es dir nicht zu kalt ist.«

Patrick war begeistert: »Das ist klasse, echt. Vielen Dank!« So allmählich zeigte Nürnberg sich auch von seiner guten Seite. »Es gibt ja warme Unterwäsche«, sagte er noch und bedankte sich noch einmal.

»Gut«, erwiderte Eric und nannte ihm Uhrzeit und Treffpunkt der Führung.

****

Seine Mutter machte zwar einen kleinen Aufstand, erlaubte ihm dann aber doch, an der Führung teilzunehmen. Sie kaufte ihm sogar extra warme Skiunterwäsche und neue Stiefel für das Spiel.

»Irgendwo müssen wir ja das viele Geld hinbringen, das ich jetzt verdiene«, sagte sie lachend und wuschelte ihm durch die Haare. Patrick schaffte es, den Kopf nicht wegzuziehen.

Die Führung war interessant, auch wenn das Easy-Credit-Stadion nicht zu den aufregendsten gehörte. Die Allianz Arena, ja, das war halt ein Stadion …

Patrick hatte einen Platz oberhalb der Pressetribüne erhalten, die aber nur spärlich besetzt war, kein Wunder bei dem eisigen Wetter. Die ersten Minuten waren langweilig und Patrick beschloss, spätestens in der Halbzeit nach Hause zu gehen. So ein ödes Spiel war es nicht wert, dass man sich den Tod holte. Doch dann schossen die Stuttgarter ein Tor und er vergaß Kälte und Langeweile.

Die Stimmung war klasse und Patrick ertappte sich dabei, für den Club schreien. Was war nur los mit ihm? Er würde sich doch nicht etwa für diese Loser-Mannschaft erwärmen? Als Harry Mägerlein das Ausgleichstor schoss, sprang Patrick zusammen mit den Club-Anhängern auf und jubelte. Es war halt doch etwas anderes, wenn man den Spieler kannte. Die letzten 20 Minuten waren richtig klasse und Patrick fieberte mit dem Club. Das Glück war auf Seiten der Schwaben: In der 87. Minute schoss sich der VFB in Führung. Noch drei Minuten für den Ausgleich!

Doch es sollte wohl nicht sein. Patrick seufzte. Der Club war und blieb eben eine Loser-Mannschaft. Immerhin hatte das Glück in den letzten Minuten die Seiten gewechselt: Zwei gefährliche Torschüsse der Stuttgarter gingen nur an den Pfosten. Dabei wurde Raphael Schäfer verletzt und musste ausgewechselt werden. Das Stadion hielt den Atem an und mit ihm Patrick.

Trotz Club-Niederlage fühlte Patrick auf dem Nachhauseweg eine Art Glücksgefühl. Es war lange her, dass er ein Fußballspiel live miterlebt hatte; das letzte war vor drei Jahren in Manchester gewesen. Und egal, wie oft man zuschaute – es blieb einfach ein einmaliges Erlebnis.

In den nächsten Wochen zog es Patrick nach der Schule regelmäßig zu den öffentlichen Trainings in die Valznerweiherstraße. Eric winkte ihm immer zu, und auch Harry Mägerlein schien sich an ihn zu erinnern. Meist war das Training eher langweilig, aber Patrick fühlte sich irgendwie verpflichtet, dabei zu sein.

Witzig waren eher die Kommentare, die die anderen, in der Regel viel älteren Zuschauer machten. Patrick amüsierte sich nicht nur über die oftmals sinnlosen Bemerkungen, sondern vor allem auch über den lustigen Dialekt. Wieso nur konnten die Nürnberger kein p und t sprechen? Und dann zogen sie die Silben endlos in die Länge. Dadurch klang alles weich und labbrig. Aus einem Peter wurde ein Beeder, aus einem Tor ein Door, aus dem Club der Glubb.

»Der Drainer had doch ka Ahnung!«, rief da ein älterer Mann neben ihm.

»Ach, hald doch dei Babbn, Schorsch«, rief ein anderer dem Meckerer entgegen. »Du kennasd des a ned besser.«

»Immerhin hab ich mal für den Verein gschbield«, gab Schorsch wütend zurück.

Patrick schaute ihn neugierig an. Der Mann war circa Mitte fünfzig, einen halben Kopf größer als er und wirkte sehr durchtrainiert.

»Was is?«, fauchte er in diesem Moment.

»Ähm, nichts«, stammelte Patrick. Dann entschloss er sich für die Flucht nach vorn: »Haben Sie wirklich mal für den Club gespielt?«

»Klar«, antwortete der Mann namens Schorsch. Seine Miene wurde freundlicher. »Isd aber scho eine Weile her.« Er bemühte sich um ein verständliches Hochdeutsch.

Von hinten hörte Patrick den boshaften Kommentar »Ach, edz kumma wieder dei aldn Gschichdn«, aber Schorsch schien es nicht zu hören.

»Ich habe mid Max Morlock gschbield«, sagte er zu Patrick und schaute ihn erwartungsvoll an.

Patrick tat ihm den Gefallen, sagte: »Wow, echt?« und kramte hektisch in seinem Gedächtnis. Max Morlock? Der Name sagte ihm was. Aber was? Richtig! Er war Spieler beim Club gewesen, die Fans hatten ihm vor einigen Jahren eine Statue gewidmet, die im Stadion stand. Aber war da nicht noch was?

Schorsch schaute ihn immer noch erwartungsvoll an. Es musste also noch etwas Bedeutungsvolleres sein. Patrick wollte schon aufgeben, da zischte es von hinten: »Bern, Vierundfuffzich«, und der Groschen fiel.

»Er hat den Anschlusstreffer erzielt, in Bern, 1954«, sagte Patrick.

»Stimmt«, sagte Schorsch und lächelte.

»Mit dem haben Sie zusammen gespielt?«, fragte Patrick noch einmal nach. Der Mann nickte. »Das ist ja irre«, sagte Patrick.

»Ich kann dir da Geschichten erzählen …«, erwiderte Schorsch.

»Da hätte ich Lust drauf«, gab Patrick ehrlich interessiert zurück.

Tatsächlich ließ Schorsch sich nicht lange bitten und setzte sich nach dem Training mit Patrick in die *Stuhlfauth-Stuben* – Patrick konnte gleich mit seinem Wissen über den Keeper punkten. Der ältere Mann erzählte zwei Stunden lang Geschichten aus einer Zeit, die Patrick nur aus Erzählungen seiner Großeltern kannte. Immer mal wieder kam jemand am Tisch vorbei und rief Georg Hasselbacher, wie er mit vollem Namen hieß, eine Bosheit zu. »Na, Schorsch, rühmst dich wieder als bester Spieler aller Zeiten?« Doch der Ton war meist nicht so rüde wie der Inhalt und Hasselbacher schien es nicht wirklich zu stören.

Als Patrick nach Hause kam, waren auf dem Anrufbeantworter sechs besorgte Anrufe seiner Mutter: »Wo steckst du, zum Teufel?« Er hatte versprochen anzurufen, wenn er nach dem Training nach Hause kam, doch er hatte es komplett vergessen. Sein Handy hatte er vor dem Spiel leise geschaltet und nicht mehr gecheckt.

Er nahm das Telefon und wählte die Handynummer seiner Mutter.

»Wo bist du?«, sagte sie zur Begrüßung.

»Tut mir leid, ich hab's vergessen«, entschuldigte Patrick sich. Er erzählte von Georg Hasselbacher und seinen Erlebnissen als Fußballer und dass er darüber vollkommen die Zeit vergessen habe. »Der kann echt spannende Geschichten erzählen. Er hat sogar mal mit Max Morlock in einem Team gespielt.«

»Aha«, sagte seine Mutter.

Patrick grinste. Mit Fußball hatte sie wirklich nicht viel am Hut. »Du weißt schon«, sagte er, »die WM 1954 in Bern. Er hat das Anschlusstor geschossen.«

»Nein, weiß ich nicht«, erwiderte seine Mutter. »Da war ich noch nicht auf der Welt.«

»Das weiß man auch so«, behauptete Patrick. »Das gehört zur Allgemeinbildung.«

»Das Einmaleins gehört zur Allgemeinbildung, und Geschichte und Erdkunde. Fußball gehört nicht dazu.«

Patrick verdrehte die Augen. Es war ja klar, dass seine Mutter so dachte. Sie hatte keine Ahnung, was wichtig war im Leben!

V

Timo Hartmann wusste nicht, ob er eher sauer oder frustriert war. Vermutlich war es eine Mischung aus beidem. Bereits zum dritten Mal saß er auf der Ersatzbank, während dieser Frischling Harry zusammen mit Eric die Sturmspitze bildete. Das war nicht fair!

Fair war allerdings auch nicht, dass sein Körper seit einigen Wochen nervös auf wichtige Spiele reagierte. Und derzeit waren alle Spiele wichtig, immerhin kämpfte der Club gegen den erneuten Abstieg. Damit wäre er der Rekordmeister im Absteigen. Diese Schmach musste mit allen Mitteln verhindert werden.

Timo wusste nicht, was mit ihm los war. Er gehörte eigentlich nicht zu den empfindlichen Menschen, die wegen jeder Aufregung aufs Klo rennen mussten. Doch genau das passierte ihm seit einigen Wochen. Kaum fuhr der Bus im Stadion ein, begann sein Darm zu rumoren. Spätestens zehn Minuten später saß er auf der Toilette und verpasste die letzten Anweisungen des Trainers.

Beim ersten Mal glaubten alle, er habe sich ein Virus eingefangen. Ausgerechnet gegen die Bayern! Während die anderen die heranstürmenden Münchner in Schach zu halten versuchten, lag er mit Schweißausbrüchen und Magen-Darm-Krämpfen auf einer Liege und hörte dumpf die Jubelschreie der Fans. Dr. Reich schaute immer mal wieder nach ihm, wollte ihn sogar ins Krankenhaus schicken, aber Timo weigerte sich. Er würde sein Team nicht im Stich lassen, immerhin war er der Kapitän. Wenn auch ein ziemlich unbrauchbarer.

Auf der Fahrt nach Bochum war Timo bester Stimmung. Das Virus war einen Tag nach dem erfolgreichen Spiel gegen die Bayern wie von Zauberhand verschwunden. Natürlich gab es ein paar blöde Sprüche von den Kameraden, aber sie waren meist gutmütig; die Stimmung war trotz Anspannung immer noch gut. Keiner von ihnen zweifelte daran, dass sie den Klassenerhalt schaffen würden.

Die Krämpfe kamen beim Aufwärmtraining am Morgen vor dem Spiel, doch Timo biss die Zähne zusammen und sagte nichts. Beim Mittagessen aß er fast nichts, in der Hoffnung, seinen Darm unter Kontrolle halten zu können.

»Geht's dir nicht gut?«, fragte Harry, ausgerechnet.

»Nein, alles bestens«, erwiderte Timo und zwang sich, ein paar Bissen zu essen. Er trank wie schon am Morgen Kamillentee aus seiner Thermoskanne, wollte absolut kein Risiko eingehen. Doch eine Stunde später war klar, dass er heute wieder nicht würde spielen können.

»Was ist los mit dir?«, wollte der Trainer wissen.

Timo zuckte nur mit den Schultern. Er wusste es selbst nicht. Schon wieder ein Virus? Das war doch eher unwahrscheinlich. Die Psyche? Aber er hatte keine Angst vor dem Spiel. Er war doch Profi!

»Du sitzt auf der Ersatzbank«, sagte der Trainer. »Harry spielt für dich.«

Timo wollte etwas erwidern, aber der Trainer ließ es nicht zu. »Keine Widerrede. Sieh zu, dass du wieder fit wirst.«

Er saß dann nicht mal auf der Ersatzbank, sondern lag wieder mit Krämpfen in der Umkleidekabine. Verpasst hatte er nicht viel, aber vielleicht hätte er in dem – laut Presse »höhepunktarmen« – Spiel den entscheidenden Höhepunkt setzen können. Es war nur ein sehr schwacher Trost, dass auch Harry und Eric nicht zum Zuge kamen. Es ging nicht um ihn, es ging um den Kampf gegen den Abstieg. Inzwischen standen sie wieder auf dem 16. Platz!

Jetzt also das Spiel gegen Leverkusen. Timo hatte am Abend zuvor ein Mittel gegen Durchfall genommen, um alle Eventualitäten auszuschließen. Diesmal würde ihm nichts in die Quere kommen. Und tatsächlich schien sein Darm endlich mal Ruhe zu geben. Ein letzter Schluck Tee, dann noch mal pinkeln, dann das Spiel.

Eine halbe Stunde später fühlte er sich hundeelend. Der kalte Schweiß stand ihm auf der Stirn, seine Knie zitterten, alles drehte sich, wenn er den Kopf bewegte.

»Der Kreislauf«, diagnostizierte Dr. Reich. Er gab Timo Tropfen zur Stabilisierung und erlaubte ihm, mit ins Stadion zu fahren.

»Du siehst mal scheiße aus«, sagte Bomber in seiner unnachahmlichen Art, als Timo in den Bus stieg.

»Danke für dein Mitgefühl«, zischte Timo und verzog sich nach hinten in den Bus. Er war fest entschlossen, heute auf dem Platz zu stehen. Während sie zum Stadion fuhren, dachte er fieberhaft darüber nach, warum er immer nur so kurz vor einem Spiel krank wurde. Das war doch nicht normal.

Als sie in die Umkleide kamen, fiel sein Blick auf die Getränkeflaschen und den Behälter mit dem Iso-Getränk. Lag es daran? Hatte der Durchfall nicht immer eingesetzt, wenn er etwas getrunken hatte?

»Was ist da drin?«, fragte er Chico eine Spur zu aggressiv.

Der Zeugwart starrte ihn an. »Was willst du damit sagen?«

»Hast du da was reingemischt?«, fauchte Timo ihn an.

Chico stand der Mund offen. »Spinnst du jetzt?«, fragte er vollkommen fassungslos.

Timo stand unschlüssig mitten im Raum und wusste nicht, wie er aus dieser Situation herauskommen sollte, ohne das Gesicht zu verlieren. Ihm war klar, dass er zu weit gegangen war. Chico lebte für den Club, er würde niemals etwas tun, was der Mannschaft schadete.

»Was ist denn hier los?«, fragte der Trainer, als er hereinkam. Die Spannung war in dem kompakten Raum deutlich zu spüren.

»Nichts«, stammelte Timo, ging zu seinem Platz und schnürte seine Stiefel zu.

»Was ist los?«, wollte der Trainer vom Zeugwart wissen.

»Nichts«, sagte auch dieser, und Timo atmete erleichtert auf. »Wir sind alle ein bisschen nervös.«

»Geht's dir gut?«, wollte der Trainer von Timo wissen. Er nickte.

»Gut. In fünf Minuten draußen.«

Ich muss mich besser unter Kontrolle halten!, dachte Timo, als er die Umkleide verließ. »Das ist doch die Höhe!«, hörte er Chico noch murmeln.

Er lief mit den anderen auf den Platz, doch nach dem Einspielen war klar, dass er es wieder nicht schaffen würde.

Zum dritten Mal in Folge trug Eric die Kapitänsbinde, während Harry Timos Platz im Team einnahm. Immerhin konnte er diesmal auf der Ersatzbank sitzen und das Spiel live mitverfolgen.

Sein Team spielte überraschend gut, hielt die Leverkusener gut in Schach, hatte selbst jedoch kaum Torchancen. Timo war etwas besänftigt. Immer wieder sagte er sich, dass es um die Mannschaft ging, nicht um ihn. Trotzdem saß da dieser dicke Knoten in seinem Bauch. Er konnte sich 100 Mal einreden, er käme von einem Virus oder sonst einer ominösen Krankheit. Timo wusste, es war seine Wut. Er wusste auch, dass er sich keinen Fehler erlauben durfte.

Es war kurz vor der Halbzeit, die ersten Zuschauer verließen bereits ihre Plätze, um sich ein Bier zu holen. Rasmussen hatte seinen Platz in der Mitte verlassen und bekam den Ball auf der linken Flanke. Mägerlein lief in der Mitte mit, ein perfekter Pass, ein Schuss aus acht Metern – TOOOOOOR! Das Stadion tobte.

Noch drei Minuten bis zur Halbzeit, vielleicht noch eine Minute Nachspielzeit, das war zu schaffen. Timo fühlte sich fit und schöpfte Hoffnung. Vielleicht konnte er den Trainer überzeugen, ihn in der zweiten Halbzeit spielen zu lassen.

Während Timo sich gedanklich auf seinen möglichen Einsatz vorbereitete, schoss Harry auf dem Platz das zweite Tor, kurz danach folgte der Halbzeitpfiff.

Das ganze Stadion war aus dem Häuschen. Wann hatte es das zuletzt gegeben? Der Club führte zur Pause mit zwei Toren!

Timo war das egal. Er wollte nur noch eines: In der zweiten Halbzeit eingesetzt werden. Doch der Trainer dachte gar nicht daran, sein Erfolgsteam zu verändern.

»Du bleibst auf der Ersatzbank, und damit basta«, erklärte er.

Timo biss sich auf die Zunge und schluckte seine Antwort hinunter. Es hatte keinen Zweck, sich mit dem Trainer anzulegen, der saß eindeutig am längeren Hebel.

Die zweite Halbzeit begann, wie die erste endete: In der 55. Minute schoss Harry eine Ecke Eric so perfekt vor die Füße, dass er ihn nur noch ins Tor zu schubsen brauchte. 3:0 für den Club – das war eine Sensation!

Während der Trainer nach dem ersten Jubel zu Zurückhaltung mahnte, saß Timo mit einer großen Wut im Bauch auf der Bank. Das war das Ende seiner Karriere beim Club. Zwei Tore hatte der Jungstar selbst geschossen, am dritten war er beteiligt. Was konnte er dem entgegensetzen? Einen empfindlichen Darm. Timo hätte am liebsten das ganze Stadion, den Ort seiner größten Schmach, in die Luft gesprengt.

Tatsächlich schafften es die Leverkusener noch, mit zwei Toren anzuschließen, doch der Schlusspfiff ging im tosenden Jubel der Club-Fans unter: Drei wichtige Punkte im Kampf gegen den Abstieg waren gewonnen!

****

»Hallo, Timo, schön, dass du da bist«, sagte Mona, die Regieassistentin. »Geht's dir besser? Ich hab gehört, du warst krank.«

»Ja, bin wieder fit«, murmelte Timo und setzte sich widerwillig vor den Spiegel. »Nicht zu viel von dem ekligen Zeugs«, warnte er. Er deutete auf die vielen Tuben und Tiegel, die vor dem Spiegel standen. »Ich bin Fußballer und kein Model.«

»Klar, wird gemacht«, versicherte ihm Sonja von der Maske. Dennoch dauerte es fast zehn Minuten, bis er fertig war.

»Du hast noch drei Minuten«, flüsterte Mona. »Es kommt noch ein kurzer Einspieler, dann gehst du rein.«

Timo nickte nur. Er war ja nicht zum ersten Mal bei *Blickpunkt Sport*. Er hoffte nur, dass seine Verdauung ihn nicht im Stich ließ. Drei Tabletten hatte er geschluckt, das musste doch reichen.

»… heute eine erstklassige Leistung gezeigt und drei wichtige Punkte im Kampf gegen den Abstieg geholt. Leider saß der Kapitän der Mannschaft auf der Bank. Warum – das können wir ihn jetzt selbst fragen. Hier kommt Nürnbergs Kapitän, hier kommt Timo Hartmann.«

Applaus setzte ein, Timo zählte 21, 22, 23 und betrat, kurz bevor ihm Mona einen Schubs geben wollte, das Studio.

Markus Othmer strahlte ihn an und reichte ihm die Hand. Sie kannten sich.

»Hallo Timo, schön, dass Sie kommen konnten«, sagte Othmer und wies ihm seinen Platz zu. »Wie geht's Ihnen?«

Timo blieb gelassen, es war klar, dass diese Frage kommen würde.

»Gut, danke der Nachfrage«, erwiderte er und lächelte in die Kamera. »Ich bin jetzt wieder fit und kann in Berlin die Mannschaft anführen.«

»Darüber werden sich die Fans sicher freuen«, sagte Markus Othmer. »Aber lassen Sie uns über das heutige Spiel reden. Ihr habt drei wichtige Punkte geschafft und seid jetzt auf Platz 15. Was fühlt man da: Erleichterung?«

»Klar sind wir alle erleichtert«, sagte Timo. »Das war heute ein klasse Spiel, das die Mannschaft abgeliefert hat, und das gegen einen so starken Gegner wie Leverkusen.«

»Soll heißen, gegen Hertha nächste Woche ist es ein Kinderspiel?«

Timo lachte. »Nein, ganz und gar nicht. Man darf keine Mannschaft unterschätzen, auch die nicht, die auf dem letzten Platz steht. Jeder will nach oben und jeder kämpft dafür, die Herthaner genauso wie wir.«

Othmer konsultierte kurz seine Stichwortkarten. »Ein Wort zu Harald Mägerlein. Er hat heute zwei Tore geschossen und war am dritten beteiligt. Die Presse nennt ihn den neuen Stürmerstar. Wie sehen Sie das?«

Timo fühlte den Knoten in seinem Magen, doch er zwang sich zu lächeln. »Er hat heute wirklich ein tolles Spiel gemacht, keine Frage. Aber er ist noch sehr jung. Er hat im letzten Jahr noch bei der U21 gespielt, ihm fehlt es noch an Erfahrung in der Bundesliga.«

»Kann er Ihnen gefährlich werden?«, wollte Othmer wissen.

Timo sah den Moderator fragend an. »Was wollen Sie damit sagen?« Selbst in seinen Ohren klang die Frage gefährlich aggressiv.

Othmer hob abwehrend die Hände. »Nichts Konkretes. Es ist nur so: Ihr seid beide Stürmer, dazu kommt noch Eric Rasmussen, der heute das dritte Tor geschossen hat. Da kommt man schon auf den Gedanken: Sind nicht drei einer zu viel?«

»Das ist doch ausgemachter Blödsinn«, zischte Timo und stand auf. »Ich lass mich doch nicht von so einem Jungspund verdrängen.«

Markus Othmer sprang auf und versuchte, Timo zu besänftigen. »Tut mir leid, ich wollte Sie keinesfalls angreifen. Mich hätte einfach nur Ihre Meinung dazu interessiert. Und die Zuschauer wüssten das sicher auch gerne.«

Timo atmete tief durch und schloss beide Hände mehrmals zur Faust. Dann nahm er wieder Platz. »Tut mir leid«, sagte er, auch zum Publikum gewandt. »Wir sind alle etwas angespannt.«

»Ist ja kein Wunder«, warf der Moderator ein. »Seit Wochen kämpft ihr darum, nicht abzusteigen.« Wieder warf er einen Blick auf seine Karten.

Als wenn er nicht wüsste, was er als Nächstes fragen will, dachte Timo.

»Ich will trotzdem noch einmal auf den jungen Mägerlein zu sprechen kommen. Ist es für einen Trainer nicht gut, drei solche Eisen im Feuer zu haben: Sie, Rasmussen und Mägerlein? Selbst wenn einer ausfällt, so wie Sie ja leider bei den letzten drei Spielen, habt ihr immer noch zwei Klassestürmer, um die euch so manche Mannschaft beneidet.«

Es geht ums Team, nicht um dich! Das hatte ihm der Pressechef vor der Sendung noch eingetrichtert.

»Natürlich ist es gut, wenn der Trainer auf mehrere gute Leute zurückgreifen kann«, sagte Timo artig. »Aber man will ja selbst auch spielen, nicht nur auf der Bank sitzen.«

»Verständlich«, erwiderte Othmer. »Manche Spieler sind eine halbe Saison verletzt. Sie haben jetzt gerade mal bei drei Spielen gefehlt. Ist es so schlimm, nicht spielen zu dürfen?«

»Na hören Sie mal! Wie wäre das, wenn Sie nicht moderieren dürften?«, warf Timo dem Moderator entgegen.

»Da ist was dran«, meinte Markus Othmer und lachte. »Obwohl – wenn sie mir das Gehalt weiterzahlen ...«

»Wollen Sie damit sagen, dass ich nichts tue und trotzdem Geld dafür kassiere?« Timo war wieder aufgesprungen und stand breitbeinig auf der Bühne.

Othmer stand erneut auf und versuchte, Timo zu besänftigen. Doch der hatte sich jetzt in Rage geredet. »Ich habe es satt, ständig mit einem dahergelaufenen Bürschchen wie Harry Mägerlein verglichen zu werden. Er ist gerade mal 19 Jahre jung, er hat doch keine Ahnung, was da draußen gespielt wird.«

»Dafür schießt er aber ziemlich viele und gute Tore«, wagte Othmer einzuwerfen.

»Ach ja?«, rief Timo. »Das heute war vor allem Glück, weil die Leverkusener Abwehr nicht gut stand. Es war vor allem Glück.«

»Klar, Glück gehört auch dazu, aber wie er das erste Tor reingemacht hat, das war schon klasse. – Um nicht zu sagen: weltklasse.«

»Pah«, machte Timo.

»Haben Sie Angst um Ihren Stammplatz?«, provozierte Othmer ihn.

»Ich habe keine Angst!«, schrie Timo und trat auf den Moderator zu. Was erlaubte der sich? Der hatte doch keine Ahnung!

»Beruhigen Sie sich, Timo, keiner will Ihnen was«, sagte Othmer mit ruhiger Stimme.

Doch Timo wollte sich nicht mehr beruhigen lassen. Er schaute kurz ins Publikum. Da – grinste da nicht einer höhnisch? Und da – saß da nicht sogar dieser nervige Jungspund selbst?

Für einen Moment setzte Timos Wahrnehmung aus. Egal, wohin er auch blickte – Harry saß da und grinste ihn frech an.

»Das ist doch …«, flüsterte er und rannte aus dem Studio. Er verfing sich in einem Kabel, stolperte und flog gegen einen Scheinwerfer. Wütend attackierte er das Gerät und verbrannte sich die Hand. Das wiederum machte ihn so rasend, dass er zwei weitere Scheinwerfer, die nicht zum Einsatz gekommen waren, umwarf. Es brauchte drei Sicherheitsleute, um ihn zu überwältigen. Timo hörte noch Othmers Stimme: »… bedauern diesen Vorfall. Wir zeigen Ihnen jetzt …«, dann schloss sich die Tür des Studios hinter ihm.

Scheiße, dachte er später, wieder bei klarerem Verstand. *Das ist blöd gelaufen.*

VI

Charlotte musste zugeben, dass Dana hochprofessionell war, wenn es um ihren Job ging. Zwei Tage zuvor war ein Auftrag für ein Fotoshooting in Forchheim gekommen. Es handelte sich nur um Fotos für einen billigen Prospekt, aber Dana nahm diese Aufgabe so ernst, als ginge es um das Titelblatt der *Vogue*.

Charlotte arbeitete nun seit knapp zwei Monaten für Dana und Eric. Die meisten Tage verliefen ereignislos. Sie kam eine halbe Stunde bevor Eric zum Training musste, und ging, wenn er wieder zurück war. Manchmal blieb sie auch etwas länger und trank noch ein Glas Wein mit den beiden. Besonders nach den letzten drei Spielen hatte es reichlich Gelegenheit zu feiern gegeben: Jeweils drei Punkte gegen Leverkusen und Hertha, immerhin ein Punkt gegen Hoffenheim.

Übermorgen würde Eric mit der Mannschaft Richtung Bremen fahren und Charlotte sich wieder für ein langes Wochenende bei Dana einrichten.

Sie hatte ihre Meinung über das Model revidiert. Zu Beginn hatte sie sie für eine oberflächliche, überkandidelte junge Frau gehalten, die vor allem vom Geld ihres Freundes lebte und sich nur für Klamotten und Schuhe interessierte. Politik, Wirtschaft, Weltgeschehen? Fehlanzeige. Charlotte hatte mehrmals versucht, ein tiefergreifendes Gespräch mit Dana zu führen – vergeblich. Doch ihren Job nahm Dana sehr ernst.

Mit der Zeit hatten sie dann zwei Themen gefunden, über die sie reden konnten. Das eine war Sport. Charlotte war zwar der Meinung, Sport war Mord, aber notgedrungen hielt sie sich fit durch regelmäßiges Training in einem Fitnessstudio. Sie rechnete nicht mit langen Verfolgungsjagden, aber ein Bodyguard sollte nun mal über eine gewisse Leistungsfähigkeit verfügen.

Dana hingegen lief morgens mit Eric mehrere Kilometer querfeldein, wenn er zu Hause war. Charlotte war dankbar, dass ihr diese Tortur erspart blieb. Dafür begleitete sie Dana regelmäßig in deren Fitnessstudio. Es war ein sehr exklusives Studio mit handverlesenen Mitgliedern und einem gesalzenen Beitrag. Doch so schrecklich Charlotte es dort auch fand, neben all den gut gebauten jungen Frauen in ihren modischen Outfits, so dankbar war sie auch für die Exklusivität, machte es doch ihren Job einfacher, auf Dana aufzupassen. Der Vorfall im Schuhgeschäft war nicht mehr erwähnt worden, aber Charlotte bemerkte durchaus, wie Dana zusammenzuckte, wenn es ein unbekanntes Geräusch gab oder ihr jemand zu nahe kam.

Das zweite Thema war überraschenderweise Kochen. Dana stand für ihr Leben gern in der Küche und probierte neue Rezepte aus, vor allem, wenn Eric nach einem Spiel wieder nach Hause kam. Sie zauberte die tollsten Gerichte auf den Tisch, aß selbst jedoch sehr wenig davon. Sie musste natürlich auf ihre Figur achten, immerhin war ihr Körper ihr Kapital. Auch Charlotte kochte gerne, wenn sie auch selten dazu kam. Zum Glück war Patrick Vegetarier, da fiel schon mal jede Menge Junkfood weg.

Inzwischen hatten sie mehrmals Sonntag- oder Montagabend zusammen in der Küche gestanden und etwas Leckeres gekocht. Beim Schnipseln von Gemüse hatte Dana Charlotte gefragt, ob sie nicht Du sagen könnten. »Wir verbringen so viel Zeit miteinander …« Charlotte hatte gerne zugestimmt, bedeutete es doch, dass Dana ihr vertraute. Dennoch – bisher hatte sie nichts Konkretes aus dem Model herausbekommen.

Im Gegenteil. Immer wenn es persönlich wurde, blockte Dana ab, indem sie eine Gegenfrage stellte. So hatte Charlotte von ihrer viel zu kurzen Ehe mit Franz erzählt, von seinem Tod während eines Einsatzes und von den Schwierigkeiten, als Polizistin und alleinerziehende Mutter durch den Alltag zu kommen.

»Du kannst stolz auf deinen Sohn sein«, sagte Dana.

»Das bin ich«, erwiderte Charlotte und warf die gehackten Zwiebeln in das heiße Öl. Es duftete verführerisch.

»Hast du nie wieder daran gedacht, noch einmal zu heiraten?«

Charlotte zögerte. Sollte sie der jungen Frau ihr ganzes Leben anvertrauen? Aber vielleicht gab sie dann ja endlich auch einmal etwas von sich preis.

»Ans Heiraten nicht«, erwiderte sie schließlich. »In Manchester war ich knapp sechs Jahre lang mit einem Mann zusammen und dachte, es könnte für ewig dauern.« Sie sah Dana an und lachte bitter. »Am Tag vor dem Umzug nach München sagte er mir, dass er seit Monaten eine andere habe und nicht mitkomme. Ich war so bescheuert.«

»Du hast es nicht gewusst?«, fragte Dana erstaunt.

Charlotte schüttelte den Kopf.

»Ich weiß immer, wann Eric eine Affäre hat«, sagte Dana leise.

Charlotte wusste, dass Eric ein Schwerenöter war, dennoch war sie schockiert. Zweimal war sie nach dem gemeinsamen Kochen zum Essen geblieben, doch sie hatte deutlich die Spannungen gespürt, die zwischen Eric und Dana herrschten. Sie wollte sich nicht in eine Beziehungskrise hineinziehen lassen und hatte Patrick als Vorwand genommen, um zeitig nach Hause gehen zu können.

Manchmal hegte Charlotte den Verdacht, dass einer der beiden die Drohbriefe selbst fabriziert hatte. Es würde zumindest erklären, wie die Briefe trotz der massiven Sicherheitsvorkehrungen in die Wohnung gelangen konnten. Doch welchen Sinn würde das machen?

Sie hatte inzwischen mit Markus Hofmeister, dem zuständigen Beamten bei der Polizei gesprochen. Man nahm die Drohbriefe ernst, hatte aber absolut keinen Hinweis auf den Absender gefunden. Charlottes Engagement hielt Hofmeister für überflüssig, seiner Meinung nach gab es keine konkrete Gefahr.

»Vermutlich ist es tatsächlich ein durchgeknallter Fan, der sich wichtigmachen will«, hatte er gesagt.

»Vermutlich«, hatte Charlotte höflich erwidert.

»Ich bin fertig.« Dana stand vor ihr, noch geschminkt vom Fotoshooting, aber bereits in ihrer eigenen Kleidung.

»Ich muss zugeben, ich bin beeindruckt«, sagte Charlotte, während sie zum Wagen gingen. »Du weißt ja, dass ich mit Mode nicht viel am Hut habe«, fügte sie lachend hinzu.

»Ja, ist mir nicht entgangen.« Dana wirkte gelöst wie selten zuvor. Sie lehnte den Kopf zurück und schloss für einen Moment die Augen.

Charlotte startete den Motor. Inzwischen hatte sie sich mit dem Z4 angefreundet und freute sich auf die Fahrten mit dem Wagen. Sie verließ Forchheim, fädelte auf die A73 ein und fuhr gemütlich auf der Autobahn Richtung Nürnberg. Es war noch nicht einmal fünf Uhr, aber es war fast dunkel. Vor zwei Tagen war Frühlingsanfang gewesen und sogar hartgesottene Winterfans fragten sich, wann es wärmer werden würde.

»Müde?«, wollte sie wissen.

»Ein wenig«, erwiderte Dana. »Mein Gesicht fühlt sich an, als habe man es links und rechts mit Klemmen befestigt. Das ewige Lächeln kann einem ganz schön auf den Wecker gehen.«

»Du machst das wirklich toll«, sagte Charlotte. »Soweit ich das beurteilen kann, versteht sich.« Gewohnheitsgemäß schaute sie in den Rückspiegel, aber auch heute zeigte sich kein potentieller Verfolger. Sie fragte sich, wie lange Eric für ihre Dienste zahlen würde. Die Polizei tat ja nicht wirklich viel, um den möglichen Briefeschreiber zu finden.

»Macht dir das Modeln Spaß?«, wollte sie wissen.

Dana schien die Frage nicht gehört zu haben, denn sie antwortete nicht. Charlotte wollte sie gerade wiederholen, da sagte sie: »Ja und nein. Ich stehe gern vor der Kamera, ich ziehe auch gerne schöne Kleider an.« Sie warf Charlotte einen spöttischen Blick zu. »Das weißt du ja inzwischen.«

»Oh ja«, stöhnte Charlotte gespielt. Sie wechselte die Spur, um am Autobahnkreuz Fürth-Erlangen auf die A3 zu gelangen.

»Ich bin wohl der klassische Fall«, fuhr Dana fort. »Ich saß in einem Café und wartete auf meinen damaligen Freund. Er war ein notorischer Zuspätkommer, ich habe das gehasst. Da kommt dieser Typ auf mich zu und sagt: ›Willst du Model werden?‹ Ich dachte, der verarscht mich. Ich schüttle den Kopf und sag ihm, er soll mich in Ruhe lassen. Er legt eine Visitenkarte auf den Tisch, sagt: ›Ruf mich an, wenn du es dir anders überlegst.‹ und geht.« Sie lachte leise. »Hätte er darauf bestanden, dass ich das perfekte Model bin, hätte ich die Karte weggeworfen und nie mehr daran gedacht. Aber so …«

»Du bist neugierig geworden«, sagte Charlotte.

»Ja. Ich hatte die Karte wochenlang auf meinem Schreibtisch liegen. Statt Mathe zu pauken, habe ich davon geträumt, als Model viel Geld zu verdienen. Ich bekam immer mehr das Gefühl, dass ich etwas versäume, womöglich die Chance meines Lebens. Also hab ich eines Tages dort angerufen.«

»Und?«, fragte Charlotte, obwohl klar war, wie die Geschichte weiterging. Immerhin war Dana ein relativ erfolgreiches Model.

»Sie machten Probeaufnahmen und gaben mir einen Vertrag.« Wieder lachte sie leise. »Meine Eltern waren vielleicht sauer, als ich ihnen sagte, ich würde die Schule schmeißen.« Sie schwieg eine Weile, fuhr dann fort: »Heute würde ich zumindest meinen Abschluss machen, aber damals – da sah ich nur das schnelle, große Geld, die Reisen – und natürlich den Glamour.« Sie schwieg einen Moment, fügte dann leise hinzu: »Keiner sagt dir, dass du dir den Glamour verdammt hart erarbeiten musst.«

Charlotte musste sich für einen Moment konzentrieren, weil sie die Autobahn verließen und auf die B2 einbogen. »Bist du viel gereist?«, fragte sie, als es geschafft war.

»Sie haben mich nach Mailand geschickt und nach Paris. Ich sollte auch nach New York, aber da entdeckten sie ein anderes Mädchen, das dann hindurfte.«

»Das war sicher nicht lustig«, meinte Charlotte. »Wie alt warst du damals?«

»15«, sagte Dana. Sie drehte sich zu Charlotte: »Ich weiß, keiner glaubt mir, aber die Drohbriefe sind an mich gerichtet, nicht an Eric.«

Charlotte war verblüfft über den abrupten Themenwechsel und wusste erst einmal nichts darauf zu sagen. Schweigend fuhren sie auf der Äußeren Bayreuther Straße.

»Du glaubst mir auch nicht, oder?«, sagte Dana nach einer Weile.

»Das ist es nicht«, erwiderte Charlotte. »Es macht nur irgendwie keinen Sinn.« Sie wandte den Kopf kurz zu Dana. »Wer sollte dir etwas Böses wollen?«

»Vielleicht will mich ja nur jemand klein halten.«

Charlotte schüttelte unbewusst den Kopf. »Wer sollte das denn sein? Hast du Feinde, von denen ich nichts weiß?«

Natürlich hatte sie Eric und Dana zu Beginn ihrer Tätigkeit nach Menschen gefragt, die etwas gegen sie hätten, die sauer auf sie wären; sauer genug, um sie zu bedrohen, aber beide hatten niemand Konkreten genannt. Eric hatte auf Fußballfans hingewiesen, die manchmal die Grenze überschritten, aber einen Namen hatte er nicht nennen können. Dana hatte nur den Kopf geschüttelt.

Die Antwort jetzt kam mit erheblicher Verzögerung. »Nein, da ist niemand.«

Charlotte war sich sicher, dass die junge Frau ihr etwas verschwieg.

»Dana«, sagte sie eindringlich. »Wenn da jemand ist, der dich bedroht, dann muss ich das wissen. Wie soll ich dich beschützen, wenn ich nicht alles weiß?«

Wieder warf sie einen kurzen Blick zum Beifahrersitz, wo Dana blass und zusammengekauert saß. Aus stolzen 1,87 Metern war ein kleines Häufchen Elend geworden.

Sie ahnte den Wagen mehr als dass sie ihn sah. Er kam direkt auf sie zu. Es war eine große dunkle Limousine, die aus dem kleinen Z4 mit Leichtigkeit einen Haufen Blech machen würde. Dana schrie.

Sie hatte es beim Fahrtraining in München zigmal geübt, jetzt lief alles automatisch ab: Charlotte bremste sacht, lenkte gegen, schleuderte trotzdem auf der rutschigen Straße auf ein geparktes Auto zu. Kurz davor kamen sie zum Stehen.

Charlotte atmete aus. Die dunkle Limousine rauschte an ihnen vorbei.

»Idiot«, schimpfte Charlotte und fuhr an den Straßenrand. Sie stellte den Motor ab und die Warnblinkanlage an. »Alles in Ordnung?«, fragte sie Dana.

Die zitterte wie Espenlaub, nickte aber. Ihr Blick sagte: Glaubst du mir jetzt?

Charlotte drehte sich um, doch der andere Wagen war nirgends zu sehen.

War es ein Beinaheunfall gewesen? Die Straße war rutschig, das hatte sie gerade selbst erlebt. Vermutlich hatte der Fahrer kurz die Kontrolle verloren.

Oder war es doch Absicht gewesen? Sie war nur den Bruchteil einer Sekunde unaufmerksam gewesen. Reichte das für eine Attacke? Woher hätte der Fahrer des anderen Wagens das wissen können? Oder hatte er es darauf ankommen lassen? Hatte er damit gerechnet, dass Dana am Steuer sitzen und kein Ausweichmanöver beherrschen würde?

Nein, das war zu weit hergeholt, Charlotte entschied, dass es Zufall war. Sie hatte nicht gut genug acht gegeben, deswegen wäre es beinahe zum Unfall gekommen.

»Ich kenne den Wagen«, sagte Dana leise, als ob sie Charlottes Zweifel spürte.

Überrascht schaute Charlotte sie an. »Was soll das heißen?«

Dana schwieg.

»Dana, sag mir endlich, was los ist«, herrschte Charlotte die junge Frau an. Vielleicht half ja Strenge. Doch Dana hatte sich wieder in ihren Panzer zurückgezogen. Charlotte seufzte. »Ich kann dir nicht helfen, wenn du mir etwas verschweigst«, sagte sie. »Woher kennst du den Wagen?«

Sie bezweifelte, dass Dana das Auto wirklich erkannt hatte. Es war alles so schnell gegangen. Sie hatte jedenfalls nicht einmal die Marke erkennen können oder die Farbe. Und es gab jede Menge dunkle Limousinen. Allein in den paar Minuten, die sie hier standen, waren mindestens sechs an ihnen vorbeigefahren.

Da Dana weiter stumm dasaß, ließ Charlotte den Motor an. »Wir fahren jetzt erst mal nach Hause«, sagte sie und fädelte in den Verkehr ein.

Der kurze Rest der Fahrt verlief schweigsam. Der Tag hatte für Dana so gut begonnen, doch Charlotte konnte ihre Verzweiflung deutlich spüren. Während sie immer wieder in den Rückspiegel schaute, alle Kreuzungen noch vorsichtiger als sonst überquerte und jeden Wagen vor, neben und hinter ihnen im Auge behielt, ging Charlotte immer wieder die Situation durch.

Sie hatte doch nur kurz zu Dana geschaut, es war nicht länger als ein Wimpernschlag gewesen. Beinaheunfall oder absichtlicher Angriff? Charlotte war sich eigentlich sicher, dass es sich um ersteres handelte, aber Danas Behauptung, sie kenne den Wagen, verunsicherte sie doch. Sie nahm sich vor, ein ernstes Wort mit Dana zu reden, sobald sie zu Hause waren.

Dana wollte sofort ins Bett gehen, doch Charlotte ließ es nicht zu.

»Ich glaube, du verkennst den Ernst der Lage«, sagte sie und schlug absichtlich einen drohenden Ton an. »Meine Aufgabe ist es, dich zu beschützen. Ich kann das aber nur machen, wenn ich alles weiß. Wirklich alles«, ergänzte sie mit Nachdruck.

Dana zögerte. »Okay«, sagte sie dann und setzte sich auf das große weiße Sofa. Charlotte nahm wie üblich im Sessel gegenüber Platz.

Dana seufzte. »Okay«, wiederholte sie. »Ich komme mir einfach so dämlich vor, deswegen habe ich nichts gesagt.«

»Wie kannst du dir dämlich vorkommen, wenn es jemand auf dein Leben abgesehen hat?« Charlotte musste sich gar nicht bemühen, fassungslos zu klingen. Sie war es. »Egal, was es ist: raus mit der Sprache!«, forderte sie das Model auf.

»Würdest du dir nicht auch dumm vorkommen, wenn du Geister siehst?«, fragte Dana leise.

VII

Geister?« Charlotte klang ehrlich überrascht. Was sollte das nun wieder bedeuten? »Wie kommst du auf Geister?« Sie ging zur Bar und holte zwei Gläser Brandy. Sie mochte das Zeug zwar nicht, aber sie konnten es beide gut gebrauchen.

Dana nahm das Glas, stellte es auf den Glastisch und zuckte mit den Achseln.

»Dana, red mit mir«, wiederholte Charlotte ihre Aufforderung. Das Model seufzte, nahm das Glas, nippte daran, verzog das Gesicht, sagte endlich: »Es war jemand in der Wohnung.«

»Was?« Charlotte hörte den verblüfften Ton ihrer Stimme.

»Du glaubst mir nicht«, sagte Dana folgerichtig.

»Darum geht es nicht«, gab Charlotte zurück. »Bitte rede endlich mal mit mir.«

»Ich habe manchmal das Gefühl, dass jemand in der Wohnung war.« Sie nippte wieder am Glas. »Ich kann es nicht beweisen, es ist eben nur ein Gefühl. Sind so was wie meine persönlichen Geister«, sagte sie und versuchte ein Lachen. Es misslang.

»Wer sollte in diese Wohnung kommen? Nur du, Eric, Agata und ich haben einen Schlüssel. Die Wohnung ist mehrfach gesichert.«

Dana sah sie ernst an. »Ich weiß«, sagte sie ruhig. »Trotzdem.« Sie stand auf. »Ich geh jetzt ins Bett. Ich bin wirklich müde, es war ein anstrengender Tag.« Als sie an Charlotte vorbeiging, sagte sie leise, aber mit Nachdruck: »*Ich* bin das Opfer, nicht Eric.«

****

Fünf Tage lang versuchte Charlotte, noch einmal mit Dana ins Gespräch zu kommen, aber das Model blockte immer ab. Einmal war sie zu müde, ein anderes Mal hatte sie Kopfschmerzen, dann wieder schob sie wichtige Telefonate vor, die sie jedoch nie führte.

Charlotte war genervt. Sie schwankte zwischen »Diese blöde Zicke kann mich mal« und dem Selbstverständnis von ihrer Arbeit. Außerdem schwang die Befürchtung mit, dass sie in Nürnberg keinen Fuß mehr auf den Boden bekommen würde, wenn sie jetzt das Handtuch warf. Miller hatte beste Kontakte zu allen und jedem. Und schon wieder umziehen? Das kam nicht in Frage, nicht nur wegen Patrick.

Ihr Sohn hatte sich erstaunlich gut an die neue Situation angepasst. Er war es gewohnt, allein für sich zu sorgen, und auch wenn er kein einfaches Kind war, so wusste Charlotte doch, dass sie ihm vertrauen konnte. Entgegen seiner Befürchtungen schien der 1. FC Nürnberg doch nicht so langweilig zu sein, was hauptsächlich mit seinem neuen Bekannten zusammenzuhängen schien.

»Der weiß irre Geschichten«, hatte er ihr eines Abends erzählt. »Ich hab dir doch gesagt, dass er selbst mal für den Club gespielt hat. Er hatte wirklich die steile Karriere vor sich. Und dann verletzt er sich und kann nie wieder spielen. Ist das nicht grausam?«

Charlotte hatte bestätigt, dass es furchtbar sei, und ihm das Versprechen abgenommen, seinen neuen Freund nicht allzu sehr zu belästigen.

»Da mach dir mal keine Sorgen«, hatte Patrick lachend erwidert. »Schorsch hat Geschichten für mindestens zwei Jahre. Und sonst hört ihm ja keiner mehr zu.«

Sie hatte sich vorgenommen, sich diesen Schorsch mal genauer anzuschauen, war aber bisher nicht dazugekommen. Ihre Leidenschaft für Fußball hielt sich einfach in extrem engen Grenzen. Aber sie war froh, dass Patrick Anschluss gefunden hatte, wenn auch Schorsch nicht gerade seine Altersklasse war. Und auch die Schule schien keine allzu großen Probleme zu bereiten. Zwar redete Patrick selten darüber, aber die ersten Noten waren nicht allzu schlecht. Was wollte sie mehr?

Da eine Kündigung nicht zur Debatte stand, beschloss Charlotte, ihren Job richtig zu machen. Im Hause Rasmussen war schlechte Stimmung. Der Club hatte am Samstag 4:2 gegen Bremen verloren. Zwar hatte die Mannschaft nach einem 3:0-Rückstand in der zweiten Halbzeit noch den Anschluss gefunden, auch dank eines Handelfmeters, den Harry Mägerlein souverän umsetzte, aber im Endeffekt verloren sie gegen die Bremer. Immerhin spielte die Konkurrenz mit und der Club blieb auf dem 15. Platz.

Dennoch war Eric miesester Stimmung. Timo war nach der Randale bei *Blickpunkt Sport* für drei Spiele gesperrt und entsprechend schlechter Laune. Er schikanierte Eric, wo er nur konnte. Auch Harrys erneutes Tor trug nicht gerade zu Erics Laune bei.

Dana hatte ihm offensichtlich nichts von dem Vorfall mit der Limousine erzählt. Charlotte war sich nicht sicher, ob sie es tun sollte. Je mehr sie darüber nachdachte, desto sicherer war sie, dass es sich um einen dummen Fehler ihrerseits gehandelt hatte. Es würde nicht mehr passieren.

Trotz der schlechten Stimmung blieb sie länger als gewöhnlich. Sie wollte das Verhältnis zwischen Eric und Dana noch etwas mehr ausloten. Die beiden stritten nicht offen, aber die Gereiztheit war in jedem Satz zu hören. Es bestärkte Charlotte nur in ihrer Annahme, dass vor allem Eric ein tief gekränktes Seelchen war.

Dana verließ kaum das Haus und sagte eine Anfrage zu einer Modenschau ab. Es tue ihr leid, aber sie habe bereits einen anderen Termin, gab sie als Grund an. Viele solcher Absagen konnte sie sich sicher nicht leisten, die Konkurrenz war groß.

Als Charlotte am Mittwochmorgen in der Wohnung ankam, überreichte Eric ihr stumm eine Plastikhülle mit einem weißen Zettel.

»Ein neuer?«, fragte Charlotte überflüssigerweise und nahm den Zettel entgegen. Sie hatte genau für diesen Zweck überall in der Wohnung Plastikhüllen verteilt, um sicherzugehen, dass möglichst wenig Spuren verwischt wurden.

Es war die gleiche Botschaft:

Du hast mein Leben zerstört. Jetzt zerstöre ich deines.

»Irgendwelche Anhaltspunkte?«, fragte sie leise.

Eric schüttelte den Kopf. »Dana ist oben. Sie hat den Brief gefunden, als wir vom Joggen zurückkamen. Ich habe noch mit einem Nachbarn von gegenüber geredet, über Samstag.« Er verdrehte die Augen, als wollte er sagen: Was gibt es da noch groß zu reden?

»Wo lag er?«

»Wieder hinter der Wohnungstür«, sagte Eric. Er schaute Charlotte ernst an. »Ich will, dass das aufhört. Sofort.« Er warf einen schnellen Blick zur Treppe, lauschte einen Moment, nickte kurz. Es war alles ruhig. »Dana ist fertig mit den Nerven. Und ich – ich muss gestehen, ich bin es langsam auch. Ich – ich kann es mir momentan nicht leisten, abgelenkt zu werden. Es geht nicht nur um den Klassenerhalt, es geht auch um mich, um meinen Job. Wenn wir absteigen, bin ich ziemlich sicher arbeitslos.«

»Ich kümmere mich darum«, sagte Charlotte. Sie hätte gerne noch gefragt, wer die Wohnung zuerst verlassen hatte, aber sie wusste, es würde zu nichts führen. Selbst wenn Eric der letzte war, hieß das noch lange nicht, dass er den Zettel an der Tür platziert hatte.

Charlotte ging die Treppe hinauf und klopfte an der Schlafzimmertür. »Dana? Ich bin's.«

»Komm rein.«

Sie lag auf dem Bett, war aber angezogen. Sogar Make-up hatte sie aufgetragen. Neben ihr lagen aufgeschlagene Zeitschriften, aber Charlotte hatte nicht den Eindruck, dass sie darin gelesen hätte.

Charlotte zeigte ihr kurz die Plastikfolie und sagte: »Ich ruf gleich bei der Polizei an. Wir machen das volle Programm.«

»Okay«, kam es gleichgültig vom Bett.

»Ruf mich, wenn was ist, ja?«

»Ja, klar.« Es klang beinahe gleichgültig.

Der Anruf bei Hofmeister war alles andere als erfreulich. »Wir werden nichts finden«, sagte er, nachdem Charlotte ihm vom erneuten Fund berichtet hatte. »Wir waren schon so oft draußen und haben nie etwas gefunden.«

»Aber die Bedrohung ist doch da«, widersprach Charlotte.

»Sie sind auch da und passen auf, dass nichts geschieht«, gab Hofmeister zurück. »Ich habe keine Ressourcen für überkandidelte Persönlichkeiten.«

Charlotte schnappte nach Luft. Das war doch wohl die Höhe!

»Ich mache Ihnen einen Vorschlag«, sagte Hofmeister begütigend. »Sie bringen mir den Brief, ich lasse ihn untersuchen. Es ist aber nichts Offizielles.«

Sie knirschte mit den Zähnen. »Danke«, sagte sie und legte auf.

Charlotte überlegte. Eric könnte den kleinen Umweg fahren. Einem Kurierdienst wollte sie den Brief nicht anvertrauen.

Sie ging ins Wohnzimmer, wo Eric sich durch die Fernsehkanäle zappte. Er sah hoch. »Und?«

»Wir müssen den Brief vorbeibringen«, sagte Charlotte. »Kannst du ihn mitnehmen?«

Er schaute auf die Uhr. »Ich bin spät dran. Kannst du das nicht machen?«

»Dann geht es erst heute Abend, wenn du wieder da bist. Kannst du nicht anrufen und sagen, dass du etwas später kommst? Sie wissen doch, was los ist.« Erstaunt sah Charlotte, wie Eric den Kopf schüttelte. »Du hast nichts gesagt?«

»Nein«, erwiderte er. »Ich hab da schon genug Probleme.«

Charlottes Gedanken wirbelten in ihrem Kopf umher. Kam es wirklich auf ein paar Stunden an? Wie Hofmeister war sie sicher, dass sie nichts finden würden.

»Okay, ich mache das heute Abend«, sagte sie.

Der Tag verlief ereignislos. Charlotte versuchte, Dana zu einen Spaziergang zu überreden, vergeblich. Sie blieb im Schlafzimmer und hörte Musik. Mittags aß Charlotte eine Tiefkühlpizza, Dana stocherte in einem gemischten Salat herum. Als Eric vom Training zurückkam, war die Stimmung auf dem Gefrierpunkt und Charlotte verabschiedete sich umgehend.

Sie beschloss, statt mit der U-Bahn mit dem Bus in die Stadt zu fahren. Der 46er fuhr bis Heilig-Geist-Spital. Es dauerte zwar länger, aber sie wollte jetzt einfach nur mal durch die Gegend geschaukelt werden. Verblüfft stellte sie während der Fahrt fest, dass es mitten in der Stadt Gegenden gab, die beinahe ländlich wirkten. Die vielen Kleingartenanlagen waren ihr schon vorher aufgefallen. Der Nürnberger war eindeutig gerne an der frischen Luft.

Vom Heilig-Geist-Spital lief sie über die Museumsbrücke weiter durch die Kaiserstraße zur Vorderen Ledergasse. Die Altstadt war wirklich ein Schmuckkästchen und es wurde Zeit, dass sie sich mit ihrer neuen Heimat besser vertraut machte.

Charlotte lief um das Polizeipräsidium herum zur Vorderseite und meldete sich beim Pförtner an. Hofmeister war noch im Haus und nahm ihr zehn Minuten später den Brief mit dem Versprechen ab, ihr so schnell wie möglich ein Ergebnis zu liefern.

In der Nacht schlief Charlotte schlecht. Immer wieder versuchte sie, die Lücke im Überwachungssystem zu finden. Wie konnten die Drohbriefe in die Wohnung gelangen? Eigentlich war es unmöglich, außer man hatte einen Schlüssel. Den hatten aber Eric, Dana, Agata und sie. Doch Agata?

Hofmeister hatte sie und auch ihre Familie bereits mehrmals überprüfen lassen und nie etwas gefunden. Egal, wie sie es drehte und wendete – es blieben nur Eric und Dana. Aber warum?

Am Morgen fühlte Charlotte sich gerädert, nicht einmal eine kalte Dusche half. Als sie zur U-Bahn lief, wäre sie beinahe auf einem Hundehaufen ausgerutscht. Es war kalt und grau. Wann wurde es endlich Frühling?

Charlotte fuhr gerne mit den öffentlichen Verkehrsmitteln und dank Danas Z4 hatte sie ihr Auto bisher nicht vermisst. Doch heute wünschte sie sich, sie hätte eines. Eine Bahn der U1 fiel aus, die nächste war entsprechend überfüllt. In der U2 Richtung Flughafen standen Koffer kreuz und quer, an ein Durchkommen war nicht zu denken. Die Leute nutzten vermutlich die Osterfeiertage für einen Kurztrip in den Süden, kein Wunder, bei dem Wetter. Charlotte war genervt.

Zu allem Überfluss blieb die U-Bahn zwischen Rathenauplatz und Rennweg im Tunnel stecken. Der Fahrer sagte durch, es gehe gleich weiter, doch nach fünf Minuten tat sich immer noch nichts.

Die ersten Fahrgäste wurden unruhig. »Das ist sicher nur ein Aprilscherz«, lachte einer. »Blöder Scherz«, knurrte ein wichtig aussehender Geschäftsmann und holte sein iPhone aus der Manteltasche. »Ich verpass meinen Flieger«, sagte er.

Ich verpass meinen Job, dachte Charlotte zynisch. Sie war unruhig, schob es auf die schlechte Nacht.

Nach weiteren fünf Minuten im Tunnel und der Ansage des Fahrers, dass die U3 vor ihnen technische Probleme habe, rief Charlotte bei Dana und Eric an. Stimmen wurden laut, die sich über die Unsicherheit der fahrerlosen U3 aufregten.

»Ich stecke im Tunnel fest«, sagte Charlotte, als Dana abhob. »Ich komme so bald wie möglich.«

»Kein Problem, Eric ist ja da.«

Charlotte saß wie auf Kohlen. Die Zeit verging unerbittlich, doch es gab keine Aussicht auf baldiges Weiterkommen. Es wurde hektisch telefoniert, eine dicke Frau packte eine Brotzeit aus und aß genüsslich. Charlottes schlechtes Gefühl verstärkte sich von Minute zu Minute. Irgendetwas stimmte nicht.

Ich bin ja schon paranoid, dachte sie und versuchte, sich zu beruhigen. *Eric ist da, es kann nichts passieren.*

Nach 23 Minuten ging es endlich weiter. Charlotte stieg am Rennweg aus, rannte die Treppen hoch, schnappte sich ein Taxi. Sie rief bei Dana an, um ihr baldiges Kommen anzukündigen, doch es ging keiner ans Telefon. Sie versuchte es wieder und wieder, aber das Telefon am anderen Ende wurde nicht abgehoben. Ihr schlechtes Gefühl entwickelte sich zur Panik.

Sie wählte Erics Handynummer, aber es sprang nur die Mailbox an. Sein Training ging erst in 40 Minuten los. Wo steckte er?

Obwohl der Taxifahrer sein Bestes gab, dauerte es fast 15 Minuten, bis sie in die Volbehrstraße einbogen. Charlotte warf ihm einen 20-Euro-Schein hin, rief »Stimmt so« und sprang aus dem noch rollenden Wagen.

Es war alles ruhig. Charlotte lief zum Haus. Auch dort war nichts Ungewöhnliches zu sehen. Wieso hatte sie dann immer noch diese Panik? Nervös schloss sie die Haustür auf. Es roch nach Feuer, nein, nach Feuerwerk.

»Dana? Eric?«, schrie sie aus Leibeskräften und rannte in den ersten Stock. Die Wohnungstür stand weit offen, im Flur sah es aus wie nach einem Bombenanschlag. Ein zerfetzter Körper lag auf dem Boden, daneben ein dunkelblauer Ballerina.

»Dana?«, flüsterte Charlotte. Obwohl ihr klar war, dass das Model tot war, hegte sie einen winzigen Funken Hoffnung. »Dana?«

VIII

Andreas Wallner hatte schon viele schlimme Tatorte gesehen, aber das, was er hier sah, übertraf alles um Längen. Er musste einige Male schlucken, um sich nicht zu übergeben. Cramer hätte es gefallen, hielt er ihn doch für einen Waschlappen.

Sogar Dr. Fischer pfiff durch die Zähne, als er eintraf. »Du lieber Himmel«, murmelte er, als er sich an die Arbeit machte. Das war gar nicht so einfach, denn die Tote war von einer Paketbombe in Stücke zerrissen und über den gesamten Flur verteilt worden.

Ein Glück, dass diese Charlotte Braun eine ehemalige Polizistin war. Sie hatte äußerst professionell gehandelt. Wie sie dazu kam, als Bodyguard für einen abgehalfterten Fußballer zu arbeiten?

Aumann vom LKA erschien in der Tür. »Schlimme Sache«, sagte er. Hinter ihm tauchte Cramer auf. »Wer führt die Ermittlungen?«, fragte er den LKA-Mann.

Der zuckte mit den Schultern. »Ich reiß mich nicht darum, ich habe genug auf dem Tisch.«

»Wir könnten es übernehmen«, bot Cramer an. »Wir haben nichts Wichtiges vorliegen.«

Wallner verkniff sich jeglichen Kommentar und achtete darauf, dass seine Mimik ihn nicht verriet. Musste Leo sich auf seine alten Tage wirklich noch mit so einem Fall belasten? Andererseits war es mal etwas anderes.

Aumann nickte und streifte die Handschuhe ab. »Okay, ihr übernehmt und haltet uns auf dem Laufenden.« Er reichte Cramer und Wallner die Hand. »Unsere Bombenexperten müssten jeden Moment da sein. Ich sag ihnen Bescheid.«

Da sie die Wohnung nicht betreten konnten, ohne durch den Tatort zu trampeln, sahen Wallner und sein Chef dem Pathologen zu. Der ließ sich Zeit, sagte schließlich: »Es ist ja nicht schwer zu erraten.« Er zeigte auf das Chaos um sie herum. »Hundertprozentig wie immer nach der Obduktion, aber es war wohl die Bombe.« Er seufzte. »Ein schönes Osterei, das uns da jemand gelegt hat.«

Wallner nickte. »Allerdings. Du rufst an, oder?«

Dr. Fischer nickte und stieg die Treppe hinab. Wallner hörte, wie er unten Bescheid gab, dass die Leiche jetzt abtransportiert werden könnte.

»Befrag du die Zeugin«, sagte Leo zu ihm. »Die ist eher deine Kragenweite.«

Wallner wunderte sich, was das heißen sollte. Ob Leo wusste, dass er Probleme mit Dorothea hatte? Er stieg die Treppe hinunter ins Erdgeschoss. Er hatte Frau Braun angeboten, in einem der vielen Einsatzfahrzeuge zu warten, aber sie hatte die Treppe vorgezogen. Er fragte sich, ob sie ihre Arbeit kontrollieren wollte. Immerhin hatte sie bei der Kripo München gearbeitet.

Er wollte sich neben sie setzen, doch da kamen die beiden Männer mit dem Sarg. Frau Braun stand auf und ließ die beiden vorbei.

»Können wir uns unterhalten?«, fragte er. Sie sah blass aus, ihre Augen waren gerötet. »Vielleicht sollten wir wirklich rausgehen«, schlug er vor.

»Ich möchte warten, bis sie mit ihr runterkommen«, sagte sie. »Ich – ich habe immerhin die letzten zehn Wochen fast täglich mit ihr verbracht.«

»Kein Problem«, versicherte Wallner.

Schweigend warteten sie, bis die Sargträger wieder die Treppe nach unten gingen. Frau Braun legte kurz ihre Hand auf den Sarg, nickte dann.

Langsam gingen sie hinter den beiden Männern her, die einige Probleme hatten in dem engen Treppenhaus. Braun schaute zu, wie sie den Sarg in den schwarzen Wagen schoben und wegfuhren. Dann nickte sie wieder und sagte zu Wallner: »Wir können.«

Sie setzten sich in einen der VW-Busse. Frau Braun reichte ihm unaufgefordert ihren Personalausweis. »Ich kenne das ja«, sagte sie und lächelte gequält. Dann fragte sie: »Haben Sie Eric Rasmussen erreicht?«

Wallner nickte. »Nicht direkt, aber wir haben eine Nachricht beim Club hinterlassen. – Natürlich nicht, was passiert ist«, fügte er schnell hinzu, als er ihre Miene sah.

»Entschuldigung«, sagte Braun. »Ich habe mich noch nicht daran gewöhnt, auf der anderen Seite zu sein.«

Wallner überlegte, ob er sie nach den Motiven für den Seitenwechsel fragen sollte, beschloss aber, sich das für später aufzuheben. »Sie kannten die Tote gut?«, begann er mit der Befragung.

»Naja, so gut, wie man eben jemanden kennt, mit dem man wochenlang täglich zusammen ist«, antwortete Charlotte Braun. »Wir sind keine Freundinnen geworden, dazu sind – waren wir zu unterschiedlich, auch vom Alter her. Aber ich mochte sie, auf ihre Art.«

»Wie war sie?«

»Sehr zurückhaltend. Ich fand es faszinierend, dass sie Model war. Man erwartet da eher einen extrovertierten Menschen, oder?«, sagte Braun. »Aber sie machte einen sehr guten Job. Ich war ein paar Mal bei Fotoshootings dabei.« Sie dachte kurz nach, fuhr dann fort: »Es war, als hätte sie einen Schalter umgelegt.«

»Erzählen Sie mir, wie Sie an den Job kamen und was genau Sie gemacht haben.«

»Ich bin aus privaten Gründen nach Nürnberg gezogen. Ich wollte mal etwas Neues ausprobieren und bewarb mich deshalb bei Miller Security. Er vermittelte mich als eine Art Aufpasserin hierher.«

Während Braun von der täglichen Routine berichtete, beobachtete Wallner sie. Sie schien extrem beherrscht zu sein, hielt ihre Mimik und Gestik komplett unter Kontrolle. War es, weil sie sonst losheulen würde oder weil sie etwas zu verbergen hatte? Er machte sich eine Notiz, die Kollegen in München anzurufen.

»Hatten Sie einen Verdacht?«, fragte er, als sie fertig war. Er bemerkte ihr Zögern, obwohl es nur Bruchteile von Sekunden dauerte.

»Einen konkreten Verdacht habe ich nicht«, erwiderte sie. »Rein logisch gesehen kamen nur vier Personen in Frage: Dana und Eric, ihre Putzfrau Agata und ich.«

»Waren Sie's?«, fragte Wallner, gab seiner Stimme aber einen leicht ironischen Ton.

»Nein«, gab Braun ruhig zurück und schaute ihm dabei direkt in die Augen. »Nein, ich war es nicht.« Sie machte eine kurze Pause, fuhr dann fort: »Und Dana war es vermutlich auch nicht.«

»Nein, davon können wir ausgehen«, bestätigte Wallner. Es gab sicher schönere Arten, sich selbst umzubringen. Allerdings traute er den Menschen nach fast 15 Jahren bei der Kripo eigentlich alles zu. Sein Handy klingelte. »Entschuldigung«, sagte er und meldete sich. Ein Kollege teilte ihm mit, dass Eric Rasmussen auf dem Weg war. Man hatte ihm nur gesagt, dass es einen Unfall gegeben hatte.

»Herr Rasmussen ist auf dem Weg«, informierte er Braun. »Da komme ich gleich auf die nächste Frage: Sie haben gesagt, dass Sie in der Regel eine halbe Stunde vor Rasmussens Weggehen eintrafen. Was war heute anders?«

»Ganz ehrlich: Ich weiß es nicht.« Sie stockte. »Das heißt, natürlich war anders, dass die U-Bahn im Tunnel steckenblieb und ich zu spät kam. Ich bin mit dem Taxi gefahren und war sicher keine zehn Minuten später dran als sonst. Ich habe keine Ahnung, warum Eric nicht da war.«

»Er wird uns das sicher sagen können«, erwiderte Wallner. Er schaute auf seine Notizen. »Sie haben eine Putzfrau erwähnt?«

»Agata, ja«, sagte Braun. »Ihr Kollege Hofmeister hat sie mehrmals überprüft, sie ist sauber. Und ihr Umfeld auch, soweit es bekannt ist.« Sie zögerte, fuhr dann fort: »Zu Beginn hatte ich sie in Verdacht, aber ich glaube nicht, dass sie etwas damit zu tun hat. Und wenn, dann höchstens unwissentlich. Sie hat Dana verehrt.«

»Und Eric?«

Braun zuckte die Achseln. »Keine Ahnung, die beiden haben sich kaum gesehen, soweit ich weiß.«

Wallner zögerte mit der nächsten Frage. In der Presse hatte er immer wieder etwas über Rasmussens Affären gelesen. Er war kein Fußballfan und auch der Klatsch interessierte ihn nicht, dennoch stolperte man immer wieder über solche Artikel.

»Eric Rasmussen soll ja ein Schwerenöter sein«, sagte er. »Haben Sie etwas davon mitbekommen?«

Braun schüttelte den Kopf. »Nein, absolut nichts. Dana hatte neulich kurz ein Verhältnis im letzten Herbst erwähnt, aber es schien sie nicht weiter zu belasten. Ich selbst kann nichts dazu sagen. Ich habe ihn immer als äußerst zuverlässig erlebt. Von heute mal abgesehen, hat Herr Rasmussen sich an alle Verabredungen gehalten.«

»Verdächtigen Sie ihn?«, wollte Wallner wissen.

Braun hatte sich offenbar ihre Gedanken dazu gemacht, denn sie zögerte keine Sekunde mit der Antwort: »Mir fehlt das Motiv«, sagte sie. Sie stockte, fuhr dann fort: »Dana hatte das Gefühl, dass jemand in der Wohnung war. Ich denke, sie meinte eine Art Stalker. Auch dazu kann ich nichts sagen. Mir ist nichts aufgefallen. Die Briefe hinter der Tür würden natürlich dafür sprechen«, fügte sie leise hinzu. Sie warf einen raschen Blick auf das Haus, schaute dann wieder zu ihm. »Ehrlich gesagt, ich habe keine Ahnung, wer dahinterstecken könnte. Sie haben ja sicher gesehen, dass sowohl das Haus als auch die Wohnung mehrfach gesichert sind.«

Wallner wollte gerade eine neue Frage stellen, als draußen vor dem Fahrzeug eine dröhnende Stimme erklang. »Und? Haben wir den Täter?«

»Mein Chef«, sagte Wallner und gab sich keine Mühe, seine Frustration zu unterdrücken. Er öffnete die Tür.

»Leo, das ist Frau Braun. Leo Cramer, der leitende Beamte«, machte er die beiden miteinander bekannt. Sie nickten sich nur zu.

»Sie waren also der Bodyguard?«, fragte Cramer.

Charlotte Braun ließ sich nicht aus der Ruhe bringen. »Bodyguard wäre zu viel gesagt. Eher eine Art Aufpasserin.« Sie schaute zu Wallner. »Eric Rasmussen hatte mich engagiert, weil Dana Angst hatte, allein in der Wohnung zu sein.«

»Warum waren Sie heute nicht da?«, hakte Cramer nach.

Braun wiederholte die Geschichte mit der steckengebliebenen U-Bahn. »Im Endeffekt war ich zehn Minuten später dran als sonst.«

»Ihnen ist klar, dass es Sie getroffen hätte, wenn Sie da gewesen wären?«, sagte Cramer.

Wallner hielt den Atem an. Das war wieder so typisch Leo: Er war einfach ein ungehobelter Klotz. Wallner beobachtete Braun, aber sie ließ sich nichts anmerken. Nur ihre Kiefermuskeln arbeiteten etwas stärker als vorher. Sie nickte, sagte: »Ja, natürlich. Wobei ich der Meinung bin, dass nichts passiert wäre, wenn ich da gewesen wäre.«

»Was macht Sie da so sicher?«, wollte Cramer wissen.

»In all den Wochen, die ich hier gearbeitet habe, gab es keinen ungewöhnlichen Vorfall.« Sie musterte Cramer eine Weile, fügte dann hinzu: »Wir, also Eric und ich, sind immer davon ausgegangen, dass die Drohbriefe ihm gegolten haben. Wir dachten an einen verrückten Fan. Dana sagte mir mehrmals, die Drohungen gälten ihr, doch sie sagte nie, wen sie in Verdacht hatte.«

»Na ja«, dröhnte Cramer. »Wir werden das schon herausfinden.« Er wandte sich an Wallner: »Bist du dann fertig?«

Wallner nickte. Er würde Charlotte Braun anrufen und seine letzten Fragen stellen. Jetzt würde Leo nur ständig dazwischenfunken.

Man konnte kurz einen heulenden Motor hören, dann quietschende Bremsen. Kurz darauf kam eine junge Polizistin zum Auto. »Herr Rasmussen ist da«, sagte sie.

»Könnte ich kurz mit ihm reden?«, bat Braun.

Wallner wollte schon ja sagen, doch Cramer schüttelte den Kopf. »Natürlich nicht. Das müssten Sie doch am besten wissen.«

»Er ist es nicht«, beharrte Braun auf ihrer Meinung.

»Das lassen Sie mal unsere Sache sein«, schnarrte Leo. »Ich gehe davon aus, dass Sie nicht vorhaben, Nürnberg zu verlassen?«

Brauns Gesicht, das bisher ziemlich blass war, rötete sich. Sie richtete sich auf und wollte aufbrausen, sagte dann jedoch nur: »Natürlich nicht. Ich kenne schließlich das Prozedere.«

Leo ging grußlos davon, während Wallner sich entschuldigte: »Tut mir leid. Ich wünschte, ich könnte sagen, er meint es nicht so. Kann ich Sie anrufen?«

Charlotte Braun gab ihm ihre Telefonnummer und sagte: »Kein Problem. Ich kenne diese Typen. Die gibt's überall.«

Sie lehnte sein Angebot, sie nach Hause fahren zu lassen, ab und lief Richtung Schafhofstraße. Er war gespannt, was ihm die Münchner Kollegen über sie sagen würden.

»Andi, hast du's bald?«, röhrte Leos Stimme durch die kleine Straße.

Wallner atmete tief durch, wandte sich dann um und ging auf seinen Chef zu, der neben Eric Rasmussen stand. Hoffentlich ging er bei dem Fußballer etwas feinfühliger vor.

Rasmussen war eindeutig geschockt, auch wenn er sicher noch nicht wusste, was genau vorgefallen war. Immerhin war er ein Verdächtiger, wenn nicht sogar der Hauptverdächtige.

»… heute Morgen das Haus verlassen, obwohl ihr Bodyguard noch nicht da war?« Cramer spuckte das Wort *Bodyguard* aus, als sei es etwas Giftiges.

»Was ist denn eigentlich passiert? Kann mir das mal jemand sagen?«, fragte Rasmussen. Er schien die Frage gar nicht gehört zu haben. »Sie sagen, es gab einen Unfall und Dana ist tot? Was für ein Unfall? Was ist passiert? Wo ist Charly?«

»Wer ist Charly?«, fragte Cramer verblüfft.

»Unser Bodyguard, wie Sie sie nennen«, erwiderte Eric und schaute Cramer an, als käme er vom Mond. »Was ist mit ihr? Ist sie verletzt?«

Wallner schaltete sich ein. »Nein, es geht ihr gut. Sie ist schon auf dem Weg nach Hause.«

Dankbar wandte sich der Fußballer an ihn. »Können Sie mir sagen, was los ist, was mit Dana ist?«

Wallner schüttelte bedauernd den Kopf. »Tut mir leid, momentan kann ich Ihnen keine Details geben.«

Rasmussen zuckte zurück. »Verstehe«, murmelte er. »Sie halten mich für einen Verdächtigen.«

»Gut erkannt«, sagte Leo in seiner unverblümten Art. Zu Wallners Erleichterung fügte er dann noch hinzu: »Mein Kollege wird Ihnen einige Fragen stellen.«

Wallner führte Rasmussen zu dem VW-Bus, in dem er schon Charlotte Braun befragt hatte. Er begann mit der Frage, die schon sein Chef gestellt hatte: »Warum haben Sie heute Morgen das Haus verlassen, obwohl Frau Braun noch nicht da war? Das war doch gegen die Abmachung.«

Eric Rasmussen nickte. »Ja, und ich hatte ein sehr schlechtes Gefühl dabei. Aber Dana sagte, ich solle gehen, in den paar Minuten würde schon nichts passieren.« Er schwieg und rang mit seiner Fassung. »Tschuldigung«, sagte er nach einer Weile und seine Stimme klang belegt. »Ich kann es immer noch nicht fassen.« Er sah Wallner bittend an. »Kann ich sie nicht wenigstens sehen?«

»Sie ist schon auf dem Weg zur Gerichtsmedizin«, erwiderte Wallner. »Es tut mir leid, aber Sie müssen mir jetzt ein paar Fragen beantworten. Mir ist klar, dass es nicht einfach ist.«

Rasmussen nickte. »Ich bekam einen Anruf, es war gegen halb zehn«, sagte er. »Charly, also Frau Braun, hatte aus der U-Bahn angerufen und uns gesagt, dass sie sich verspäten würde. Das war nicht weiter schlimm, ich wäre eben losgefahren, sobald sie eingetroffen war. Ihr Anruf kam kurz vorher. Normalerweise wäre sie um Viertel vor zehn hier gewesen.« Er holte tief Luft, fuhr dann fort: »Wie gesagt, kurz darauf klingelte mein Handy, die Nummer war unterdrückt. Eine mir unbekannte männliche Stimme sagte mir, Rebecca habe einen Unfall gehabt und ich solle so schnell wie möglich kommen.«

Wallner schaute ihn fragend an.

»Rebecca ist die dreijährige Tochter von Ivan, meinem Kollegen. Ich bin ihr Patenonkel«, erklärte Rasmussen. »Ich wollte noch fragen, was passiert sei, doch der Anrufer hatte bereits aufgelegt.«

»Haben Sie Ihren Kollegen angerufen und nachgefragt?«

Rasmussen schüttelte den Kopf. »Nein, ich habe einfach nicht nachgedacht. Ich bin zu Dana, habe ihr von dem Anruf erzählt und sie meinte, ich solle losfahren. Es ging eine Weile hin und her; ich wollte bleiben, bis Charly kam, sie wollte, dass ich fahre. Sie weiß – sie wusste, wie sehr ich an Rebecca hänge.«

»Die Stimme kam Ihnen nicht bekannt vor?«, hakte Wallner nach.

»Nein. Als ich bei Ivan ankam, schauten sie mich an, als sei ich verrückt. Es war schnell klar, dass mich jemand veralbert hatte.« Er schwieg kurz, schluckte ein paar Mal, sagte dann: »Ich dachte an einen blöden Scherz. Manchmal machen Fans so etwas.« Er deutete Richtung Haus. »Mit so etwas konnte doch keiner rechnen.«

IX

Zum Glück war ihr Sohn zu alt zum Ostereiersuchen. Charlotte war nicht in der Stimmung, einen auf heile Welt zu machen.

Patrick hatte schockiert reagiert, als er die Nachricht von Danas Tod erhielt. Er war dem Model nur zweimal begegnet, aber Charlotte wusste, dass er beeindruckt von ihr war. Welcher Teenager wäre es nicht gewesen? Vielleicht war ihm auch bewusst geworden, dass es seine Mutter hätte treffen können. Zugegeben hätte er das jedoch niemals. Dennoch – er war ungewohnt lieb und widersprach selten. Als Charlotte vorschlug, einen Bummel durchs Viertel zu machen, stimmte er sofort zu. Er hasste Spazierengehen.

Das Wetter war launisch wie in den letzten Wochen, doch immerhin hatte Petrus am Karfreitag ein Einsehen und schickte ein paar Sonnenstrahlen. Charlotte und Patrick erkundeten ihre neue Umgebung, gönnten sich bei *Boman's* am Kopernikusplatz eine heiße Schokolade und redeten über alles, nur nicht über den Anschlag auf Dana. Beide hatten Sehnsucht nach einer gewissen Normalität.

Am Karsamstag saßen sie gemeinsam vor dem Radio und lauschten auf die Stimme des Sportreporters. Bereits nach vier Minuten wurde ein Mainzer Spieler vom Platz gestellt, in der 14. Minute stand es 1:0 für den Club. Patrick jubelte. »Jetzt wäre ich gerne im Stadion«, jammerte er.

»Ich dachte, der Club ist so ein lahmer Haufen«, frotzelte Charlotte.

»Ja, ja, mach dich nur lustig über mich«, erwiderte Patrick gutmütig. »Wusstest du, dass der Club mal die erfolgreichste Mannschaft Deutschlands war?«

Charlotte wollte schon erwidern, »Das muss aber lange her sein«, doch sie biss sich auf die Zunge, sagte stattdessen nur: »Nein, wusste ich nicht. Ich habe wenig Ahnung vom Fußball.«

»Stimmt«, bestätigte Patrick ungerührt und erzählte von den Erfolgsjahren des Nürnberger Vereins. »Es gab Zeiten, da haben die die Bayern mit 7:3 weggeputzt.« Er klang so stolz, als sei es sein persönliches Verdienst gewesen.

»Woher weißt du das denn alles?«, fragte Charlotte. »Sitzt du den ganzen Tag am Computer statt zu lernen?«

Patrick schüttelte den Kopf. »Quatsch. Schorsch erzählt mir das alles.« Er schaute Charlotte an. »Der Typ ist ein wandelndes Lexikon, wenn es um den Club geht. Der weiß einfach alles.«

Charlotte empfand eine leichte Eifersucht. »Du gehst ihm hoffentlich nicht auf die Nerven?«, sagte sie und bemühte sich, jeden Tadel aus ihrer Stimme fernzuhalten.

»Keine Bange.« Patrick lachte. »Der ist wirklich dankbar, wenn ihm einer zuhört. Die anderen sind froh, dass ich jetzt da bin.«

Charlotte fragte sich, wer die anderen waren, doch da schoss der Club ein zweites Tor. Patrick sprang auf und vollführte einen Indianertanz. Sie freute sich, dass ihr Sohn sich in Nürnberg so schnell für etwas begeisterte, auch wenn es schon wieder Fußball war. Schnell schob sie den Gedanken an eine womöglich vernachlässigte Schule weg. Bisher waren die Noten nicht schlecht gewesen.

Charlotte war froh, dass sie die Feiertage mit Patrick verbringen konnte. Da Dana tot war, hatte sie jetzt Zeit und konnte an den restlichen Ferientagen etwas mit ihm unternehmen. Oftmals flog er in den Ferien zu seinen Großeltern nach England, doch diesmal wollte er hierbleiben. Für Charlotte hieß das, dass er sich in der neuen Umgebung wohl fühlte.

Obwohl es am Ostersonntag nicht besonders schön war, gingen sie in den Tiergarten. Natürlich war es wegen einer Osteraktion für Kinder voll. Dennoch gab es in dem weitläufigen Gelände genug Platz für alle. Sie warfen auch einen Blick auf die berühmte *Flocke*, doch von dem süßen Eisbärbaby, das man aus dem Fernsehen kannte, war nicht mehr viel übrig geblieben.

Charlotte war dankbar für jede Abwechslung. Der Anschlag auf Dana war bereits drei Tage her, doch sie hatte den Schock noch immer nicht überwunden. Nachts schreckte sie hoch, weil sie davon träumte, wie ein Mann ihr ein Paket überreichte. Charlotte wusste, es war eine Bombe, doch sie konnte das Paket nicht aus der Hand legen. Der furchtbare Anblick, der sich ihr geboten hatte, machte ihr dagegen kaum etwas aus. In diesen Dingen war sie abgehärtet.

Wallner hatte noch am Donnerstagabend angerufen und sich für das Auftreten seines Chefs entschuldigt. »Falls Ihnen noch etwas einfällt, was uns weiterhelfen könnte, sagen Sie es mir bitte«, hatte er gebeten. Charlotte hatte ihm versichert, dass das selbstverständlich sei.

Er hatte ihr dann noch »unter Kollegen« mitgeteilt, dass sie davon ausgingen, dass das Paket für Eric bestimmt war. Es lägen zwar noch keine Ergebnisse der Kriminaltechnik vor, aber Dana war einfach kein lohnendes Ziel.

Charlotte glaubte nicht daran. Das wären zu viele Zufälle gewesen: Sie war nicht da, Eric war offensichtlich weggelockt worden, der Täter hatte Zugang zu Haus und Wohnung gehabt. Und da sollte er den Fehler begehen und das falsche Opfer erwischen? Nein, das machte absolut keinen Sinn.

Klar war hingegen, dass der Täter in der unmittelbaren Umgebung gewesen sein musste. Zwischen Erics Weggang und ihrer Ankunft lagen nicht einmal zehn Minuten. Der Täter musste gewusst haben, dass sie später kam. Hatte er das Telefon angezapft?

Charlotte seufzte. Es war nicht ihre Aufgabe, den Fall zu lösen. Dieser schreckliche Cramer hatte ihr ja unmissverständlich klar gemacht, dass sie die Finger davon lassen sollte. Der Typ erinnerte sie nur allzu deutlich an Leopold, den personifizierten Albtraum aus München. Und dann hieß er selbst auch Leo mit Vornamen! Ein schlechtes Omen!

Nein, sie würde sich nicht in die Angelegenheiten der Kripo einmischen. Sie musste sich um einen neuen Job bemühen.

Miller hatte ihr gesagt, dass sie den Lohn für den Monat April behalten durfte, Rasmussen habe kein Geld zurückgewollt. Das gab ihr zumindest ein paar Wochen Aufschub. Der Anschlag auf Dana war natürlich nicht die beste Werbung für sie, dennoch hoffte Charlotte, Miller würde ihr einen neuen Job anbieten. Die Nürnberger Kripo war definitiv keine Alternative!

Mittwochmorgen, Patrick schlief noch, klingelte das Telefon. Sie hob ab. »Braun.«

»Hallo Frau Braun, wie geht es Ihnen?« Wallners Stimme.

»Danke der Nachfrage, es geht.« Charlotte wollte höflich, aber distanziert bleiben. Doch dann packte sie die Neugier. »Gibt es etwas Neues?«, fragte sie.

»Nein, leider nicht. Wir haben Agata befragt, aber sie hat ein wasserdichtes Alibi. Auch die Nachbarin aus dem Erdgeschoss kommt nicht in Frage. Sie wissen ja sicher, dass sie seit Wochen verreist ist.«

Charlotte bejahte. »Eventuell jemand vom Hausmeisterdienst, der sich um die Wohnung kümmert?«

»Da sind wir dran, aber ich glaube das nicht«, sagte Wallner. »Sie hätten wirklich auf der Lauer liegen müssen.«

»Wurde im Telefon oder sonst wo eine Wanze gefunden?«, wollte Charlotte wissen. »Der Täter muss gewusst haben, dass ich spät dran bin.«

»Ich weiß nichts davon, ruf aber gleich mal die KT an«, erwiderte Wallner. »Ist Ihnen noch etwas eingefallen?«

»Was ist mit Eric Rasmussen? Zählt er noch zu den Verdächtigen?«

»Sagen wir mal so: Er ist nicht mehr unser Hauptverdächtiger«, sagte Wallner. »Als er von der Bombe erfuhr, ist er komplett zusammengebrochen. So etwas kann man nicht spielen. Außerdem hat er ein Alibi für die Tatzeit. – Er könnte natürlich jemanden engagiert haben. Leo, also mein Chef, hat ihn noch nicht von der Liste gestrichen.«

»Ich bin sicher, er ist es nicht«, versicherte Charlotte. »Ich zermartere mir täglich und auch nachts das Gehirn, aber mir fällt einfach nichts ein.«

»Was hat Dana Ihnen gegenüber erwähnt?«

»Leider gar nichts, was helfen könnte. Sie erwähnte nur ein Mal diese Person, die angeblich in der Wohnung war und sagte, sie sei das Opfer. Aber ich habe keinen Hinweis darauf, aus welcher Ecke der Täter stammen könnte.«

»Eine eifersüchtige Kollegin?«, schlug Wallner vor.

»Daran habe ich auch schon gedacht«, stimmte Charlotte zu. »Aber eine Paketbombe ist untypisch für eine Frau. Sie würde doch eher Säure verwenden oder Gift. Der Klassiker halt.«

Sie lachten leise. *Schade, dass Wallner nicht das Sagen hat*, dachte Charlotte. *Mit ihm wäre die Zusammenarbeit sicher nicht schlecht.*

»Davon abgesehen«, spann Charlotte den Faden weiter, »war Dana ja kein Topmodel. Sie machte hauptsächlich Fotos für Kataloge. Zwischendurch lief sie mal auf einer kleineren Modenschau, aber hauptsächlich waren es Katalogfotos. Soweit ich weiß, war sie dick bei Quelle drin, aber die sind ja nun pleite.«

»Klingt nicht nach etwas, worauf man neidisch sein müsste.«

»Nein, ihre besten Zeiten waren als sie 15, 16 war«, sagte Charlotte.

»Sind Ihnen irgendwelche seltsamen Leute aufgefallen?« Wallner ließ nicht locker. »Tut mir leid, wenn ich so hartnäckig frage, ich weiß, Sie sind ein Profi. Aber uns fehlt momentan jeglicher Anhaltspunkt.«

»Nein, es ist Ihr gutes Recht«, widersprach Charlotte. »Und wenn man darüber redet, fällt einem oft etwas ein, woran man vorher nicht gedacht hatte.« Sie rief sich noch einmal das Haus und die Wohnung vors geistige Auge. Nein, sie hatte alles mitgeteilt. Obwohl …

»Ich weiß nicht, ob es eine Bedeutung hat, aber …«

»Was?« Wallners Stimme klang aufgeregt.

»Eigentlich nichts Ungewöhnliches«, sagte Charlotte langsam. Sie musste die Gedanken, die plötzlich auf sie einstürmten, erst einmal sortieren. »Sie haben sicher das Haus nebenan gesehen?«, fragte sie. »Das mit der Baustellenabsperrung. Ich nenne, ähm, nannte es den Zwilling.«

Wallner bejahte.

»Dana erwähnte ganz zu Beginn meiner Tätigkeit, dass die Baustelle sie nerve.« Sie stockte, rief sich noch einmal die Straße ins Gedächtnis. »Im Nachhinein fällt mir auf, dass es kaum Geräusche gab.«

»Wie meinen Sie das?«

»Na ja«, sagte Charlotte. »Auf einer Baustelle wird gehämmert, gebohrt, gesägt und was weiß ich noch alles. Und gerade vom Nachbarhaus hätte man doch mal was hören müssen. Aber da war nichts. Es gab nur diese Absperrung. – Zwischendurch stand immer mal wieder der eine oder andere Lieferwagen davor, aber die parkten in der ganzen Straße, es gibt ja auch Firmen, die Lieferungen erhalten. Ich habe mir nichts dabei gedacht.«

»Ich gehe der Sache sofort nach.« Wallner klang aufgewühlt.

»Eine Frage noch«, rief Charlotte, bevor er auflegen konnte.

»Ja?«

»Können Sie mir sagen, wo Dana herkommt? Ich habe immer gerätselt, ob sie einen ausländischen Hintergrund hat, denn sie hatte trotz des Namens keinen Akzent.« Charlotte musste lachen. »Seltsam: Es hat mich brennend interessiert, aber ich habe sie nie danach gefragt.«

»Sie wussten nicht, dass Dana Reed nur eine Art Künstlername war?«, sagte Wallner.

Charlotte musste verneinen. »Wie hieß sie?«, fragte sie.

»Sie wurde als Diana Riederer geboren, übrigens hier in Nürnberg. Ein Jahr nach Beginn ihrer Modelkarriere legte sie sich den Namen Dana Reed zu.«

Charlotte war sprachlos. »Sie kam aus Nürnberg? Dann war ihre akzentfreie Aussprache eine Meisterleistung. Ich kann mir kaum vorstellen, dass man den fränkischen Dialekt überwinden kann.« Sie musste an Marita Betzold denken, die ein breites Nürnbergerisch sprach. Und auch Cramer konnte nicht leugnen, dass er Franke war. Wallner hingegen hatte einen österreichischen Einschlag.

Er lachte. »Sollte man meinen. Ihre Eltern sind aber wohl beide keine Franken, vielleicht erklärt es das.«

Charlotte hörte ein Handy klingeln und Wallners dumpfe Stimme. Kurz darauf war er wieder zurück. »Ich muss Schluss machen. Danke für den Tipp mit dem Haus, ich lasse das überprüfen.«

Charlotte war neugierig geworden. Sie ging zum PC und gab den Suchbegriff »Dana Reed« ein. 327 869 Suchergebnisse! Da war sie ja Wochen beschäftigt. Doch Charlotte fand schnell heraus, dass sich die meisten Informationen wiederholten. Patricks Hilfe wäre jetzt gut gewesen, aber er war mit Schulfreunden unterwegs. Charlotte war froh darüber, denn bisher hatte er meist geschwiegen, wenn sie ihn nach der Schule gefragt hatte. »Alles im grünen Bereich«, war das Höchste, das sie ihm hatte entlocken können.

Wie war Danas richtiger Name gewesen? Charlotte gab »Diana Riederer« ein und drückte auf *Suchen*. Hier gab es nur ein paar 100 Ergebnisse. Sie klickte sich durch die ersten, fand aber nichts Aufregendes. Dana war als neuer Star am Modehimmel gefeiert worden, es gab Fotos von Modeschauen in Paris und Mailand. Sie war kaum wiederzuerkennen, mit all dem Make-up, den oft eigenartig gestylten Haaren und der teilweise extravaganten Kleidung.

Charlotte wollte den PC schon abschalten, als ihr Blick an dem Wort *Anschlag* hängen blieb. Neugierig klickte sie auf den Link. Sicher war es nur eine Seite, auf der über eine Modenschau und über einen Anschlag irgendwo im Irak oder in Afghanistan berichtet wurde. Das kannte man ja. Doch zu ihrer großen Überraschung handelte es sich um einen Anschlag auf eine von Danas Kolleginnen, während einer Modenschau in Düsseldorf. Rieke Biedermann, damals 17, war von einer maskierten Person mit Säure überschüttet worden. Unter anderem hatte auch Dana als Verdächtige gegolten, doch sie hatte für die Tatzeit ein Alibi.

»Stille Wasser sind tief«, murmelte Charlotte und suchte nach dem verletzten Model. Es gab nur Meldungen aus 2003, dem Jahr des Anschlags. Das Gesicht war zum Glück verschont geblieben, doch auf Armen und Beinen hatten sich hässliche Narben gebildet. An ein Leben als Model war nicht mehr zu denken gewesen.

War Dana zu so einer Tat fähig? Charlotte musste zugeben, dass sie das Model eigentlich gar nicht kannte. Zehn Wochen hatten sie beinahe täglich mehrere Stunden miteinander verbracht, doch Dana hatte sie nicht an sich herangelassen.

Hing der Anschlag auf Dana mit dem Anschlag von damals zusammen? Es war sieben Jahre her, das war eine lange Zeit für einen Rachefeldzug. Es war eher unwahrscheinlich.

Charlotte recherchierte weiter und fand heraus, dass Dana ihren Namen kurz nach dem Anschlag geändert hatte. Es war nur zu verständlich, dass sie nicht mehr damit in Verbindung gebracht werden wollte. Außerdem war *Dana Reed* natürlich für eine internationale Karriere wesentlich besser geeignet.

Eher aus Langeweile suchte Charlotte noch nach weiteren Bildern. Da gab es Dana auf diversen Katalogcovern, Dana bei Empfängen, Dana auf dem Laufsteg, Dana mit Eric. Und Dana mit Timo Hartmann.

Charlotte wurde stutzig. Eric hatte Timo häufiger erwähnt und meistens war er nicht gut auf ihn zu sprechen gewesen. Einmal hätten er und Dana deswegen sogar beinahe einen handfesten Streit begonnen.

Charlotte gab die Namen Timos und Danas in die Suchmaschine ein und stieß schnell auf die Lösung: Bevor Dana mit Eric zusammenkam, hatte sie eine kurze, aber heftige Affäre mit Timo Hartmann. Der Stürmer war für seine Wutausbrüche bekannt, und die Klatschpresse hatte sich genüsslich über diverse Streitereien der beiden ausgelassen.

Charlotte lehnte sich zurück. War Timo auf Eric eifersüchtig? Es wäre zumindest ein handfestes Motiv. Aber wieso sollte er dann Dana töten und nicht Eric? Doch eine Verwechslung? Obwohl Charlotte nicht daran glaubte, war es eine Möglichkeit. Und je mehr sie darüber nachdachte, desto logischer erschien sie ihr.

Sie griff zum Telefon und rief Wallner an. Es war eine weitere Spur, die die Polizei verfolgen musste.

»Cramer«, bellte es in den Hörer.

Charlotte unterdrückte den Reflex aufzulegen, sagte stattdessen: »Hallo, Herr Cramer, hier ist Charlotte Braun. Ich hätte gern Herrn Wallner gesprochen.«

»Der ist nicht da«, schnarrte Cramer und es klang, als freue er sich darüber. »Sie müssen schon mit mir vorliebnehmen.«

Charlotte verdrehte die Augen. So ein Idiot! Sie atmete tief durch, sagte dann: »Mir ist noch etwas eingefallen. Dana hat erwähnt, dass sie vor ihrer Beziehung zu Eric Rasmussen mit dessen Kollegen Timo Hartmann zusammen war. Es war nur eine kurze Affäre, aber sie muss sehr heftig gewesen sein.«

Cramer lachte. »Gute Frau, das wissen wir längst«, sagte er. »Glauben Sie, wir beherrschen unseren Job nicht?« Charlotte wollte verneinen, aber er ließ sie nicht zu Wort kommen. »Das Ziel war Eric Rasmussen, davon können Sie ausgehen. Die Frau war nur zum falschen Zeitpunkt am falschen Ort.«

Charlotte schnappte nach Luft. Das war doch lächerlich! Eric als Ziel der Paketbombe? Das machte absolut keinen Sinn! Aber so schnell wollte sie nicht aufgeben.

»Hartmann gilt als aggressiv, auch außerhalb des Fußballplatzes«, sagte sie eine Spur zu wütend. »Vielleicht hatte er noch eine Rechnung mit der ehemaligen Geliebten offen …«

»Quatsch«, kanzelte Cramer sie ab. »Lassen Sie uns mal unsere Arbeit tun und mischen Sie sich nicht ein. Es ist ja nicht unser erster Mordfall. Auf Wiederhören.«

Bevor Charlotte noch etwas erwidern konnte, hatte er aufgelegt. Wütend und frustriert starrte sie den Hörer an. Sie war nicht dazugekommen, den Anschlag von 2003 zu erwähnen. »Soll es der feine Herr doch selbst rausfinden«, giftete sie.

X

Einen Tag lang kämpfte Charlotte mit sich. Es war nun mal nicht ihre Aufgabe, den Mord an Dana aufzuklären. Andererseits hätte es sehr gut auch sie selbst treffen können – war es da nicht ihr gutes Recht zu wissen, wer hinter dem Anschlag steckte?

Sie versuchte einige Male, Wallner anzurufen, erreichte aber immer nur seine Kollegen. Zum Glück nicht mehr Cramer. Sie hätte nicht gewusst, ob sie ihm nicht doch einen Schimpfnamen entgegengerufen hätte.

»Ihr könnt mich alle mal«, sagte sie zum Telefonhörer, nachdem sie Wallner wieder nicht erreicht hatte, und schnappte kurzentschlossen ihre Tasche. Wo könnte sie Timo Hartmann finden? Ein guter Anfang war sicher das Club-Gelände. Dort würde sie vielleicht auch ihren Sohn treffen. Patrick hatte ihr gesagt, dass er beim letzten Training zusehen wollte, bevor die Mannschaft in ihr Quartier fuhr. Inzwischen kannte ihn jeder auf dem Club-Gelände und duldete ihn auch bei einem nicht öffentlichen Training. Charlotte war es zwar nicht recht, andererseits wusste sie wenigstens, wo Patrick sich herumtrieb. Und besser auf dem Fußballplatz als in irgendwelchen ominösen Kneipen, wo es nur ums Saufen ging.

In der Linie 9 saßen einige ausländische Touristen, die an der Endhaltestelle ausstiegen und in Richtung Dokumentationszentrum gingen. Ein Besuch dort stand auch noch auf Charlottes Liste. Sie sollte die Zeit nutzen, bevor sie einen neuen Job antrat. Es gab so viel zu sehen in Nürnberg, aber bisher war sie tagein, tagaus dieselben Wege gefahren. Und wenn sie frei hatte, kümmerte sie sich um die Wohnung.

Charlotte sah den Touristen nach, wünschte sich, sie könnte ihnen hinterherlaufen. Aber musste man gleich mit der dunkelsten Seite der Nürnberger Geschichte beginnen? Da gab es sicher lustigere Orte.

Sie wandte sich ab und ging in die entgegengesetzte Richtung. Der Dutzendteich lag ruhig da und glitzerte in der wärmenden Aprilsonne. Charlotte beschloss, das endlich schöne Wetter auszunutzen und zum Trainingsgelände zu laufen. Es war gleich wieder eine Gelegenheit, einen neuen Teil von Nürnberg kennenzulernen.

Eine alte Frau fütterte ein paar Enten, die sich heftig um jeden Brotbrocken stritten. Charlotte blieb eine Weile stehen und sah zu, wie die Tiere laut schnatternd versuchten, sich das Futter gegenseitig abzujagen. Doch dann fiel ihr ein, dass sie mit Timo Hartmann reden wollte, und sie lief über das Aufmarschgelände weiter zur Valznerweiherstraße. Dort erfuhr sie, dass das Training bereits abgeschlossen sei, aber sie solle es in den *Stuhlfauth-Stuben* probieren.

Als Charlotte das Vereinsheim betrat, sah sie als erstes an der rechten Wand die Schwarzweißaufnahme eines Fußballers in Lebensgröße; sozusagen der Starschnitt längst vergangener Jahre. Auf einem Bild links darüber war der gleiche Spieler zu sehen, auf dem Passepartout stand *Heiner Stuhlfauth.* Das war also die Legende, von der Patrick schon so viel berichtet hatte. Der Torhüter sah eher unspektakulär aus. Aber vielleicht war ja das sein Geheimnis gewesen?

Das Vereinsheim war halbvoll, es wurde gelacht und geraucht. Überall hingen und standen Bilder, Fahnen und sonstige Devotionalien vom Club, die meisten vermutlich aus der Zeit, als der Club noch Rekordmeister war. Den teilweise vergilbten Bildern nach zu schließen, musste es lange her sein.

Charlotte sah sich um und entdeckte ihren Sohn, der links hinten in der Ecke zusammen mit einem älteren Herrn an einem Tisch saß und ihn mit vollster Konzentration anschaute. Ob er in der Schule auch ein solches Interesse an den Tag legte? Charlotte fragte sich, ob es am Mann oder am Thema lag.

Patrick war schon immer ein Fußballfan gewesen, schon als kleines Kind. Natürlich war es auch sein Traum gewesen, Fußballprofi zu werden, doch sein Talent hatte nicht ausgereicht. Zum Glück hatte er es gut verkraftet, als sein Traum platzte. Wenn er nicht Spieler werden konnte, würde er eben Fan werden, hatte er gesagt. Entsprechend sah sein Zimmer aus: Poster von Spielern, Sammelalben von diversen Meisterschaften, Trikots mit Autogrammen, Baseballkappen, Fußbälle. Er investierte fast sein ganzes Taschengeld in Fanartikel.

Es war allemal besser als Alkohol oder gar Drogen. Charlotte seufzte. Patrick hatte in seinem jungen Leben schon so viele negative Dinge erleben müssen – es war eigentlich ein Wunder, dass sie nicht mehr Probleme mit ihm hatte.

Sie wandte den Blick von ihrem Sohn ab und dem Mann, dem er gegenüber saß, zu. Das war also dieser ominöse Schorsch Hasselbacher, der es geschafft hatte, Nürnberg oder zumindest den Club zu einer Art Heimat für Patrick werden zu lassen.

Er war nicht der Typ, der sofort auffiel, aber er sah nicht unsympathisch aus. Mit der altmodischen Brille und dem Karohemd wirkte er altbacken, aber was hieß das schon? Auf dem Kopf trug er die unvermeidliche Baseballkappe mit dem FCN-Logo, um den Hals war ein Club-Schal drapiert. Aber damit unterschied er sich durch nichts von den anderen Personen, die das Vereinsheim bevölkerten.

Hasselbacher sagte etwas, woraufhin Patrick laut lachte. War sie eifersüchtig? Charlotte lauschte einen langen Moment in sich hinein. Nein, sie war eher dankbar, dass Patrick so schnell Anschluss gefunden hatte, auch wenn Hasselbacher nicht gerade das richtige Alter hatte. Vielleicht diente er auch als eine Art Vaterersatz.

Diesen Gedanken wollte sie nicht weiterverfolgen, er brachte zu viele unschöne Erinnerungen mit sich. Charlotte ging zu den beiden.

»Hallo«, sagte sie zu Patrick. Zu dem Mann meinte sie: »Sie müssen der berühmte Herr Hasselbacher sein. Ich bin Patricks Mutter.« Sie reichte ihm die Hand.

Hasselbacher sprang auf. Er war erstaunlich groß und beinahe hager. »Freut mich sehr, Frau Braun«, sagte er und forderte Charlotte auf, sich zu ihnen zu setzen. Patricks Miene sagte etwas anderes.

»Danke, das ist nett, aber lieber nicht«, erwiderte Charlotte und übersah Patricks Erleichterung. »Ich wäre sicher keine so gute Zuhörerin wie mein Sohn.« Sie grinste. »Aber Sie können mir sicher helfen. Ich bin auf der Suche nach Timo Hartmann.«

»Der ist vor gut zehn Minuten gegangen«, mischte Patrick sich ein. »Er ist bestimmt schon weg.«

»Gut möglich, dass er noch auf dem Gelände ist«, widersprach Hasselbacher. »Er ist für das morgige Spiel gesperrt, er fährt also nicht mit ins Hotel.« Er lächelte Charlotte an.

»Dann werde ich mal sehen, ob ich Glück habe«, sagte sie und dankte Hasselbacher. Zu Patrick sagte sie: »Bleib nicht mehr zu lange, okay? Wir könnten heute Abend Pizza essen gehen, was meinst du?«

»Ja, mal sehen«, brummte er.

Sie wollte etwas erwidern, aber Hasselbacher sagte: »Ich sorge dafür, dass er pünktlich nach Hause geht.«

»Danke«, sagte Charlotte erneut und war nun doch genervt, dass dieser Mann offenbar mehr Einfluss auf ihren Sohn hatte als sie selbst. Sie würde mit Patrick mal ein ernstes Wort reden müssen.

Sie verließ die *Stuhlfauth-Stuben* und machte sich auf die Suche nach Timo Hartmann. Das Glück war ihr hold, denn er stand vor dem Fanshop, umringt von ein paar Fans, und gab Autogramme.

»Herr Hartmann?«, fragte Charlotte, obwohl klar war, dass er es war, rief doch ein etwa sechsjähriger Junger immer wieder seinen Namen.

»Ja?« Er wirkte älter als 36, und seiner Nase nach zu urteilen, war er schon häufiger Mittelpunkt einer Schlägerei gewesen. Er war als streitsüchtiger Zeitgenosse bekannt; Patrick hatte ihr von dem Vorfall bei der Sportsendung im Dritten erzählt.

Charlotte zögerte. Sollte sie sich als Polizistin ausgeben? Sie entschied sich für die Wahrheit.

»Hallo, ich bin Charlotte Braun, ich habe für Eric und Dana gearbeitet«, sagte sie.

»Oh, hallo«, erwiderte Timo. »Ich hab von Ihnen gehört.«

»Hoffentlich nur Gutes«, flachste Charlotte unsicher. Was hatte Dana an diesem Mann gefunden? Er war nicht attraktiv, wirkte eher grobschlächtig und auch etwas verschlagen.

Du und deine Vorurteile, ermahnte Charlotte sich. *Nur weil er wie ein Schläger aussieht, muss er kein schlechter Mensch sein.* »Hätten Sie einen Moment Zeit für mich?«, sagte sie laut. »Ich habe ein paar Fragen.«

»Spielen Sie Polizei?«, gab er ironisch zurück, wandte sich aber von den Fans ab und ihr zu.

»Sagen wir so: Ich möchte herausfinden, was mit Dana passiert ist.« Charlotte schaute ihn aufmerksam an. »Das müsste Sie doch auch interessieren, oder?«

»Sie meinen, weil ich mal was mit ihr hatte?«, gab Hartmann gleichmütig zurück. »Das ist eine Ewigkeit her.«

»Gerade mal gut ein Jahr«, widersprach Charlotte.

»Sag ich doch: eine Ewigkeit.« Hartmann grinste böse. Er beugte sich zu ihr vor. »Meine Verhältnisse dauern in der Regel nicht länger als ein paar Wochen.« Er sah sich um, als wolle er ihr ein Geheimnis anvertrauen, flüsterte dann: »Ich bin beziehungsunfähig.« Seine Augen funkelten herausfordernd.

Sie roch seinen Bieratem. Durften Fußballer Alkohol trinken? Bei den Feiern floss immer jede Menge Bier, aber vor einem Spiel? Dann fiel ihr ein, dass er gesperrt war. Vermutlich hatte er seinen Frust darüber in Bier ertränkt.

Mit viel Mühe schaffte Charlotte es, nicht zurückzuweichen. »Aha«, sagte sie trocken. Er sollte nicht denken, sie sei in irgendeiner Weise beeindruckt. Mit Diplomatie kam sie bei einem Typen wie Hartmann sicher nicht weit, sie beschloss daher, mit der Tür ins Haus zu fallen: »Sie waren nicht zufällig eifersüchtig auf Eric Rasmussen?«

»Was wollen Sie damit sagen?«, brauste Hartmann auf. »Dass ich Danas Mörder bin?« Er kam ihr unangenehm nahe. Charlotte wich zurück, doch er rückte ihr nur noch mehr auf die Pelle. »Was wollen Sie damit sagen?«, wiederholte er drohend.

War er von Natur aus ein aggressiver Mensch oder machte ihn erst der Alkohol dazu? War er zu einem Mord fähig?

Charlotte überwand Ekel und Angstgefühl und schaute ihm direkt in die rotunterlaufenen Augen. »Ich frage nur, ob Sie eifersüchtig waren.«

Sekundenlang standen sie sich wie zwei Gegner gegenüber und starrten sich an. Dann entspannten sich Hartmanns Züge und er trat einen Schritt zurück. Er schüttelte den Kopf.

»Nein, ich war nicht eifersüchtig«, sagte er und es klang ehrlich. »Das mit Dana und mir war längst vorbei, als sie was mit Eric anfing«. Er lachte. »Die beiden haben sich gesucht und gefunden. Der Star und das Model. Klingt wie die Schöne und das Biest, oder?« Er schaute Charlotte fragend an.

Sie zuckte nur mit den Schultern. *Er ist doch eifersüchtig,* dachte sie. *Aber nicht wegen Dana, sondern wegen des Fußballs.*

»Wollen Sie damit andeuten, dass Eric hinter dem Mord an Dana stecken könnte?«, wollte sie wissen.

»Was weiß ich«, schnauzte Hartmann. »Es war sicher nicht die Superbeziehung, die sie angeblich hatten. Eric hatte fast immer was nebenbei laufen.« Er schüttelte den Kopf, als könne er es nicht glauben. »Was finden die Weiber bloß an dem Typen? Können Sie mir das sagen?«

»Nein, da muss ich passen. Er ist nicht mein Typ«, erwiderte Charlotte.

»Wer ist denn Ihr Typ? Ich vielleicht?« Hartmann grinste anzüglich.

Charlotte hob die Hände. »Sorry, Sie leider auch nicht.«

»Hm, so ein Pech aber auch.« Er zwinkerte ihr zu. »Wir könnten uns ein paar schöne Wochen machen.«

Charlotte musste wider Willen grinsen. »Sollte ich Bedarf haben, komme ich auf Sie zu. – Sie haben also keine Ahnung, wer hinter dem Mord an Dana stecken könnte?«

»Ich jedenfalls nicht«, sagte Hartmann. »Wenn es das war, würde ich jetzt gerne gehen.« Seine Stimme klang ironisch.

»Klar. Danke für Ihre Hilfe«, antwortete Charlotte genauso ironisch. Was für ein widerlicher Mensch! Aber war er deshalb ein Mörder?

****

Patrick kam tatsächlich vor dem Abendessen nach Hause. Da sie beide keine Lust auf Menschen hatten, holte Charlotte Pasta und Pizza beim Italiener am Kopernikusplatz, und sie richteten sich auf einen gemütlichen Abend zu Hause ein.

Charlotte wollte ihren Sohn erst einmal in gute Stimmung versetzen, bevor sie auf das Thema Fußball zu sprechen kam. Doch Patrick fing von alleine davon an.

»Schorsch ist schon ein verrückter Kerl«, sagte er.

»Wieso?«

»Er hat mir heute erzählt, dass er seine Karriere für den Fußball aufgegeben hat«, sagte Patrick mit vollem Mund.

»Was macht er denn beruflich?«, wollte Charlotte wissen.

Ihr Sohn zuckte mit den Schultern. »Irgendwas mit Chemie oder so. Er hat, glaube ich, Apotheker gelernt.« Er sah sie fragend an. »Was macht man da?«

»Normalerweise studiert man Pharmazie«, sagte Charlotte.

Patrick nickte. »Ja, das könnte es gewesen sein.« Er nahm ein neues Stück Pizza und biss herzhaft hinein. Diesmal schluckte er jedoch erst hinunter, bevor er weiterredete: »Er hat also studiert. Das heißt, vorher war er ja Spieler beim Club. Das hat aber nicht lange gedauert, er wurde schwer verletzt und musste aufhören.«

»Er musste ganz aufhören zu spielen?«, fragte Charlotte nach.

Patrick nickte. »Ja, es war irgendwas mit seinem linken Bein. Er redet da nicht gerne drüber.«

»Verständlich«, murmelte Charlotte.

»Er hat dann gesagt, dann wird er halt Fan.« Patrick lachte. »Das ist ein bisschen wie bei mir, oder?«

Charlotte stimmte ins Lachen mit ein. »Ja, mit der Ausnahme, dass du nicht verletzt warst. Ist mir auch lieber so.« Sie fuhr ihm durch die Haare, was er sogar geschehen ließ. »Aber was hat das nun mit seiner Karriere zu tun?«, hakte sie nach.

»Er sollte recht bald auf Reisen gehen, so eine Art Vertreter, glaube ich. Aber er hat gesagt, das geht nicht, weil er dann die Club-Spiele verpasst.« Patrick schaute sie verwundert an. »Kannst du dir das vorstellen?«

Charlotte hätte beinahe genickt. Sie konnte sich das sehr gut vorstellen, sie musste ja nur ihren Sohn betrachten. Um Zeit zu gewinnen, biss sie in die inzwischen kalte Pizza und kaute genüsslich. »Na ja, ist schon etwas übertrieben«, sagte sie schließlich. »Andererseits soll es ja so verrückte Fußballfanatiker geben.« Sie legte eine Hand auf Patricks Arm. »Und weil wir gerade bei dem Thema sind: Ab Montag steht die Schule wieder im Vordergrund, okay?«

Patricks Miene verfinsterte sich augenblicklich. »Hmm«, murmelte er und schüttelte ihre Hand weg.

»Gibt es denn in der Schule keine Jungs, mit denen du dich mal treffen kannst?«, fuhr Charlotte fort. »Ich finde es nicht so gut, wenn du so viel Zeit mit diesem Herrn Hasselbacher verbringst.«

»Warum denn nicht?«, brauste Patrick auf. »Wir verstehen uns super und wir haben das gleiche Interesse.«

»Ja«, gab Charlotte zögernd zu. »Dennoch wäre es mir lieber, wenn du dich auch mal mit Gleichaltrigen treffen würdest. Die Jungs an deiner Schule interessieren sich doch sicher auch für Fußball, oder?«

»Das sind doch alles Idioten«, murmelte Patrick so leise, dass Charlotte es beinahe nicht verstanden hätte. Sie nahm sich vor, in der kommenden Woche mit der Klassenlehrerin zu sprechen. Jetzt hatte sie ja Zeit.

»Kann ich in mein Zimmer?«, fragte Patrick trotzig.

Charlotte seufzte. Die gute Stimmung war dahin.

»Ich hätte gerne noch ein wenig mit dir geredet«, erwiderte sie.

»Worüber?«, gab Patrick patzig zurück. »Du hast doch sonst auch nie Zeit für mich.«

Es war die alte Diskussion. Einerseits wollte Patrick selbstständig sein und keinen Aufpasser, andererseits machte er ihr immer wieder den Vorwurf, sie kümmere sich nicht genug um ihn.

»Patrick, ich weiß nicht, was ...«, begann sie, doch er ließ sie nicht ausreden. Er sprang so heftig hoch, dass sein Stuhl umkippte und mit einem lauten Poltern zu Boden fiel. »Du bist so gemein«, rief Patrick. »Statt dass du dich freust, dass wenigstens einer Zeit für mich hat, willst du mir das jetzt auch noch verbieten!« Er stürmte zur Tür, drehte sich um und rief dramatisch: »Jetzt habe ich gar nichts mehr, was mir Freude macht!«

Die Tür knallte so sehr ins Schloss, dass ein Stückchen Wand herunterbröckelte.

Charlotte schnappte nach Luft. Da hatte sich jede Menge Wut angesammelt, und sie hatte nichts davon mitbekommen. Was war nur mit ihrem Sohn los?

Sie stellte das Geschirr zusammen und entsorgte die Reste der Pizza. Zehn Minuten später klopfte sie an Patricks Zimmertür. »Kann ich reinkommen?«, fragte sie. Die brummige Antwort interpretierte sie als ein Ja. Patrick lag bäuchlings auf dem Bett. Sie setzte sich neben ihn, ließ aber ausreichend Abstand zwischen sich und ihm.

»Patrick, was soll ich tun?«, fragte sie leise. »Ich muss arbeiten, sonst haben wir kein Geld. Oder willst du von Hartz IV leben?«

Patrick schwieg.
»Es hat doch bisher so gut geklappt mit uns beiden«, fuhr sie fort. »Was ist denn jetzt anders?«
»Du hast nie mehr Zeit für mich«, brummte Patrick, sah aber nicht hoch. »Die letzten Wochenenden warst du fast nie da, immer nur bei Eric und Dana.«
»Es war nun mal mein Job«, versuchte Charlotte sich zu verteidigen. »Und immerhin bist du so ja auch an deinen neuen Freund gekommen, nicht wahr?«
»Hmm.« Patrick klang immer noch ungnädig, drehte sich aber endlich um. »Aber morgen kann ich zum Spiel, oder?« Er grinste schief. »Sie spielen gegen Wolfsburg.«
»Und?«
»Mama, es geht um den Klassenerhalt!« Patrick verdrehte die Augen.
Charlotte seufzte theatralisch. »Ja, wenn das so ist«, sagte sie und grinste ebenfalls. »Da brauchen sie natürlich deine moralische Unterstützung.« Sie wuschelte ihm noch einmal durch die Haare. »Aber nach dem Spiel kommst du sofort nach Hause, verstanden? Und ab Montag kommt erst die Schule, dann der Fußball, hörst du?«
»Ja, ja«, sagte Patrick genervt, schnitt aber eine Grimasse.

XI

Das kann doch nicht wahr sein! Das sind doch hirnverbrannte Idioten! Die sollten endlich mal einen Könner ranlassen!«

Seit zehn Minuten schimpfte sein Chef vor sich hin, und das alles nur wegen einer Pressemeldung des 1. FC Nürnberg. Wallner schüttelte den Kopf und versuchte, sich auf seine Arbeit zu konzentrieren. Wie konnte man sich wegen Fußball nur so aufregen!

»Halt dich da raus, von Fußball hast du keine Ahnung!« Cramer stand wutschnaubend vor seinem Tisch.

»Ich hab doch gar nichts gesagt«, sagte Wallner entrüstet. Innerlich fluchte er, weil er nicht besser aufgepasst hatte. Er wusste doch, dass Cramer alles mitbekam. »Was ist denn überhaupt los?«, fragte er, um Cramer die Möglichkeit zu geben, Dampf abzulassen. Sonst war den ganzen Tag nicht gut Kirschen essen mit ihm. Noch weniger als sonst!

»Diese Idioten«, begann Cramer sofort zu schimpfen. »Da haben sie endlich mal einen guten Spieler, und dann lassen sie ihn nicht mitspielen.«

Wallner sagte nichts, saß nur abwartend da.

»Unfähiges Volk!«, schimpfte Cramer weiter. »Wadenverletzung, dass ich nicht lache. Gestern beim Training hatte er noch keine Wadenverletzung.« Cramer schnaubte. »Das sind doch wieder nur taktische Spielchen. Und das bei einer so wichtigen Begegnung!« Er haute mit der Faust auf den Tisch.

Wallner zuckte zurück. Er wollte gerade etwas sagen, als Marius zur Tür hereinspitzte und sagte: »Chef? Anruf für dich, Leitung zwei.«

Cramer sah irritiert hoch. »Jetzt nicht.«

»Sie sagen, es sei wichtig«, beharrte Marius und wagte ein Grinsen Richtung Wallner.

»Das sagen sie immer«, knurrte Cramer, ging aber in sein Büro zurück.

Wallner atmete auf. »Weißt du, was er hat?«, fragte er Marius.

»Keine Ahnung«, erwiderte der Kollege unsicher. »Ich hab mit Fußball nichts am Hut.«

Der junge Mann gehörte neben Sabrina zu den zwei Beamten, die durch die Bildung der Soko »Fußball« zum Team gekommen war. Obwohl Leo ihn ständig schikanierte, gehörte er zum harten Kern der Gruppe. Es war eine Art Auszeichnung seitens Cramers, aber das konnte Marius nicht wissen. Es war auch eine Art Test, den alle im Team durchlaufen hatten.

»Lass ihn das nicht hören«, sagte Wallner. Sie grinsten sich an.

Marius hob kurz grüßend die Hand und verschwand wieder. Wallner beschloss, die Zeit zu nutzen und im Internet nachzuschauen, warum Cramer sich so aufregte.

Es ging ihm wie dem jungen Kollegen: Er konnte die fanatische Begeisterung für Fußball nicht nachvollziehen. Er schaute hie und da ein Länderspiel an und bei der bevorstehenden WM würde er natürlich auch mitfiebern. Aber die Bundesliga interessierte ihn absolut nicht, er hielt die Vereine durch die Bank weg für korrupt.

Nach kurzem Suchen fand er die Pressemeldung, die Cramer so sehr in Rage versetzt hatte. Sie bestand nur aus zwei Sätzen und verlautbarte, dass Harry Mägerlein wegen einer Wadenverletzung nicht spielen würde. Da Timo Hartmann gesperrt sei, würde man mit Eric Rasmussen als Einzelspitze gegen Wolfsburg antreten.

Und das war ein Grund, so aus der Haut zu fahren? Fußballfans waren schon seltsame Typen. Wallner las noch den Kommentar dazu:

Dass der Club bei einem so wichtigen Spiel auf Harry Mägerlein verzichtet, kann nur heißen, dass er schwerer verletzt ist, als offiziell zugegeben wird. Doch auch vermehrtes Nachfragen hat uns keine andere Auskunft beschert. Wir können nur hoffen, dass die Trainer wissen, was sie tun. Heute Abend heißt es auf alle Fälle Daumen drücken für den Klassenerhalt.

Wallner klickte die Seite weg und nahm sich die Akte wieder vor, in der er gelesen hatte, bevor Cramers Ausbruch ihn daran hinderte. Der Anschlag auf das Model war über eine Woche her, aber sie hatten noch immer keine heiße Spur. Die Kollegen waren noch dabei, Brauns Hinweis mit der Baustelle zu überprüfen, aber bisher gab es keine Auffälligkeiten. Mehrere Handwerker hatten unabhängig voneinander bestätigt, dass sie Reparaturarbeiten ausgeführt hatten. Die Aufträge waren per Fax gekommen, die Nummer musste noch überprüft werden. Der Auftraggeber selbst, ein gewisser Martin Bayer, konnte noch nicht gefragt werden, er war im Urlaub.

Wallner blätterte um. Die Welt war ungerecht. Es gab Leute, die sich eine Wohnung kaufen konnten und sie während eines Urlaubs umbauen ließen, um den Dreck und den Lärm zu vermeiden. Und er? Er saß seit vier Monaten in diesem Loch, weil Dorothea beschlossen hatte, dass sie eine Auszeit von der Ehe brauchte. Er fragte sich, ob es einen Polizisten gab, bei dem die Ehe funktionierte. Cramer war es jedenfalls nicht. Bei ihm und Raffaela kriselte es seit Monaten gewaltig.

»Andi!« Cramers Bass dröhnte durch den kleinen Raum.

»Was ist?« Wallner sprang auf und ärgerte sich sofort darüber. Warum nur fühlte er sich Cramer gegenüber immer wie ein unartiger Schuljunge?

Cramer kam aus seinem Büro. Er war leichenblass.

Wallner wollte schon sagen »Na, so sehr musst du dich über die Pressemeldung auch nicht aufregen«, als sein Chef fast tonlos sagte: »Eine Bombe.«

»Wo?«, war alles, was Wallner herausbrachte. Hoffentlich nicht noch eine Paketbombe. Noch so eine Leiche würde er nicht verkraften. Das zerfetzte Model ging ihm nicht aus dem Kopf.

»… Stadion.«

»Was?« Verdammt, jetzt hatte er Cramers Antwort verpasst. Sein Chef hatte den Raum bereits verlassen. Wallner schnappte seinen Mantel und lief hinterher. »Welches Stadion?«, rief er Cramer zu, während sie im Laufschritt durch die Flure eilten. Leo war trotz seiner Leibesfülle erstaunlich fit.

»Club«, war alles, was Cramer erwiderte. Dann hielt er die Hand auf. Wallner fischte den Autoschlüssel aus der Jackentasche und reichte sie ihm. Normalerweise ließ der Chef ihn fahren, doch wenn's um den Club ging, wollte er selbst auf's Gaspedal drücken.

Leo verfluchte alle Autofahrer, die nicht sofort zur Seite fuhren, als sie mit Blaulicht und Martinshorn ankamen. Mehr als einmal schrammte er nur knapp an einer Karambolage vorbei. Wallner verkniff sich jeglichen Kommentar.

Die Einsatzfahrzeuge kamen aus allen Himmelsrichtungen. Cramer hielt mit quietschenden Reifen an und sprang zeitgleich mit Wallner aus dem Fahrzeug.

»Wo?«, fragte er einen jungen Polizisten, der vergeblich versuchte, ein paar neugierige Fußgänger fernzuhalten. Er zeigte hinter sich, zum Eingang Nord-West. »Beim Morlock-Denkmal.«

»Verletzte?«, wollte Cramer wissen und lief los.

Der Polizist schüttelte den Kopf. »Nein, keine Verletzten.«

Wallner rannte hinter Cramer her, zeigte am Tor seinen Ausweis. Man wollte ihnen den Weg zum Tatort zeigen, aber Cramer kannte sich natürlich aus. Gegenüber vom Morlock-Denkmal standen sieben Fahnenstangen, beflaggt mit schwarz-roten Club-Fahnen; in der Nähe steckten vier Männer die Köpfe zusammen und starrten auf einen dunklen Haufen, der zwischen ihnen auf dem Boden lag.

Leo begrüßte Peter Aumann vom LKA, alle stellten sich kurz vor.

»Was ist das?«, fragte Cramer und deutete auf die verkohlte Masse.

»Mehrheitlich Papier und Karton«, sagte Aumann.

»Keine Verletzten?«, fragte Wallner zur Sicherheit noch einmal.

Aumann bestätigte. »Keine Verletzten. Es hätte aber sowieso nicht viel passieren können. Selbst ein Feuerwerkskörper hätte mehr angerichtet.«

»Habt ihr schon einen Verdacht?«, wollte Cramer wissen.

Aumann schüttelte den Kopf. »Nein, bisher nicht. Wir vermuten eher einen Dummejungenstreich dahinter.« Er zeigte zum nahen Zaun. »Jeder hätte hier etwas drüberwerfen können.«

»Da hat einer was gegen den Club, dünkt mir«, knurrte Cramer.

»Sieht so aus«, bestätigte Aumann. »Es könnte einen Zusammenhang zur Paketbombe geben. Wollt ihr ermitteln?«

Cramer nickte und wollte etwas erwidern, als ein grauhaariger Mann hinter ihnen auftauchte. »Können wir das Spiel abhalten?«

»Hallo Franz«, sagte Cramer und ging zu ihm. »Gib mir ein paar Minuten Zeit, dann sag ich dir Bescheid.«

»Der Präsident«, sagte einer von Aumanns Kollegen ehrfürchtig.

Wallner fragte sich, woher Cramer den Club-Präsidenten kannte. Aber Cramer war seit über 50 Jahren Mitglied beim 1. FCN, da war es klar, dass er den Präsidenten kannte.

Leo kam zurück und sah Aumann fragend an. »Was meinst du? Kann das Spiel heute Abend stattfinden?«

Aumann schüttelte sofort den Kopf. »Auf keinen Fall. Auch wenn das hier …«, er deutete auf den Boden, »… harmlos war, heißt das noch lange nicht, dass nicht noch was nachkommt.« Er sah sich um und lauschte kurz. »Die Hunde müssten jeden Moment eintreffen. Dann kämmen wir jeden Millimeter durch. – Aber selbst wenn wir nichts finden, sind wir noch nicht auf der sicheren Seite.« Er schaute Cramer ernst an. »Wir können kein Risiko eingehen.«

Leo nickte nur. Er wandte sich ab und ging zum Präsidenten zurück. Wallner konnte nicht verstehen, was die beiden beredeten, aber an der Miene des Präsidenten war klar zu sehen, dass ihm die Botschaft nicht gefiel. Noch während die beiden heftig gestikulierend miteinander sprachen, kam ein Mann in Anzug und Krawatte angelaufen. In der rechten Hand schwenkte er ein weißes Stück Papier.

Als Aumann sich in Bewegung setzte, folgte Wallner.

»Eine Forderung«, sagte der Anzugträger.

»Hallo Martin«, sagte Cramer zu ihm, und Wallner fragte sich, wer das nun wieder sei. Doch er wurde nicht darüber aufgeklärt, vielmehr las

Cramer die Nachricht, die auf dem Zettel stand, vor: »Lasst Harry Mägerlein spielen und der Club bleibt in der 1. Liga. Harry ist der einzig wahre Stürmer des Club.«

»Kann das mit der Bombe zusammenhängen?«, wollte der Präsident wissen.

Cramer und Aumann zuckten gleichzeitig die Achseln. »Schon möglich«, sagte Aumann. »Aber sicher sagen können wir es nicht.«

Wallner nahm dem Mann namens Martin den Zettel ab und steckte ihn in eine Plastikhülle. Er winkte eine Polizistin zu sich und gab ihr den Auftrag, den Zettel sofort ins Labor zu bringen. »Ich will noch heute ein Ergebnis«, rief er ihr hinterher. »Und es ist mir egal, dass Freitagnachmittag ist.« *Ich klinge schon wie Leo*, dachte er zynisch.

»Was sollen wir tun?«, wollte der Präsident wissen.

Der Mann namens Martin schaltete sich ein. »Ich rufe die Wolfsburger an und sag ihnen, dass das Spiel heute ausfallen muss. Den DFB benachrichtige ich auch. Dann die Presse …?«

Cramer schaltete sich ein. »Die Presse zuerst. Sie sollen es auf allen Sendern bringen, damit so wenig Leute wie möglich hier aufkreuzen. Wir können hier jetzt niemanden gebrauchen, solange wir nicht wissen, ob es nicht noch eine Bombe gibt. Mag sie auch noch so harmlos sein – ein abgerissener Finger reicht, und der Skandal ist perfekt. Und – Martin?«

Der Mann war bereits am Gehen gewesen und drehte sich noch einmal um.

»Kein Wort von der Bombe, okay?«

»Ist doch klar«, knurrte Martin. »Ich bin doch nicht von gestern.«

Leo wandte sich an Wallner. »Fahr du zurück ins Präsidium und informiere Elke und ihr Team, falls Fragen kommen. Ich halt euch auf dem Laufenden.«

Wallner wollte kurz widersprechen, schluckte seinen Ärger aber hinunter. Es machte ja auch Sinn, dass Cramer vor Ort blieb; er kannte die Leute vom Club, auf ihn würden sie hören. Wallner ließ sich den Autoschlüssel geben und verließ das Stadion. Er brauchte eine gute halbe Stunde, bis er wieder im Präsidium war. Im Radio kam auf allen Stationen die Durchsage, dass das Spiel Nürnberg gegen Wolfsburg wegen eines noch ungeklärten Vorfalls im Stadion ausfallen musste. Man werde die Zuschauer rechtzeitig über den neuen Termin informieren. Alle Karten behielten selbstverständlich ihre Gültigkeit.

Zurück im Polizeipräsidium informierte Wallner die Pressesprecherin und ging dann in sein Büro. Er schaltete den kleinen Fernseher ein; auf den regionalen Programmen kam die gleiche Meldung wie im Radio. Kurze Zeit später informierte Cramer ihn darüber, dass die beiden Vereine und der DFB nach einem neuen Termin suchten. Das würde nicht einfach werden, denn durch die WM im Juni war der Zeitplan in diesem Jahr sowieso schon äußerst knapp.

Wallner war es egal. Seinetwegen hätte das Spiel auch ausfallen können, Klassenerhalt hin oder her. Es gab wirklich Wichtigeres im Leben. Die Aufklärung eines Mordes, zum Beispiel.

Doch dann fand er sich am Sonntag am späten Nachmittag vor dem Radio wieder. Nachdem Aumann und seine Kollegen Entwarnung für das Stadion gegeben hatten, hatte man sich schnell auf Sonntag, 17:30 Uhr, für das nachzuholende Spiel geeinigt. Den Wolfsburgern ersparte man so eine nochmalige Anreise und auch der sonstige Ablauf vor der WM war nicht gestört.

Der Zettel – Bekennerbrief war zu viel gesagt – hatte keine Spur ergeben, der Täter hatte vermutlich Handschuhe getragen. Auch die Bombe ließ keinen Schluss auf den Erbauer zu. Einen solch »harmlosen« Fall hatten die Experten nicht im Archiv.

Polizeiintern einigte man sich schnell auf einen Spinner, wollte aber kein Risiko eingehen. Das Polizeiaufkommen während des Spiels wurde mehr als verdoppelt. Der Club hatte vorsichtshalber der Forderung des Bombenlegers nachgegeben und in einer neuen Pressemeldung verlauten lassen, dass Harry Mägerlein fit genug sei und neben Eric Rasmussen spielen würde.

Es war eine Katastrophe. Wallner konnte zum ersten Mal nachvollziehen, warum so viele Fußballfans litten. Obwohl der Club laut Radioreporter die bessere Mannschaft war, gelang es ihnen nicht, ein Tor zu schießen. Ein Handspiel der Wolfsburger im Strafraum wurde nicht gepfiffen, geschweige denn, den Nürnbergern ein Elfmeter gewährt. Ein Foul gegen Harry Mägerlein schien der Schiedsrichter nicht gesehen zu haben. Eine Torchance der Clubberer scheiterte am gegnerischen Torwart, eine zweite am Pfosten. Wallner sah beinahe, wie der Reporter sich die Haare raufte.

Die zweite Halbzeit war nicht besser als die erste: Der Club stürmte, schaffte es aber nicht, die Torchancen zu nutzen. Harry Mägerlein war in der Pause ausgewechselt worden. Wallner fragte sich, ob das nicht gefährlich war, aber der junge Spieler schien tatsächlich verletzt zu sein. Das wusste der verrückte Fan offensichtlich nicht.

Wallner öffnete bereits die dritte Flasche Bier. Er würde doch nicht etwa zum Fußballfan werden?

»Abseits, abseits«, dröhnte die Stimme des Reporters aus dem Radio.

»Das kann doch nicht wahr sein! Wo hatte der Linienrichter seine Augen? Jedes Kind hätte dieses Abseits erkannt. Da – der Schiedsrichter geht zu seinem Kollegen, sie debattieren. Währenddessen bekommen wir die Wiederholung eingespielt. Es ist glasklar: Es war abseits. – Die beiden Schiedsrichter diskutieren immer noch. Was gibt es da denn noch zu bereden? – Unglaublich, das ist die Höhe! Der angeblich Unparteiische lässt das Tor gelten. Das ist unerhört! Der Club wurde soeben betrogen!«

Wallner tigerte vor dem Radio auf und ab. 1:0 für Wolfsburg, das hieß doch nichts, der Club war doch die bessere Mannschaft. Er öffnete das Fenster, ließ die kalte Aprilluft herein, setzte sich, sprang wieder auf.

Noch 21 Minuten. Es gab einen Wechsel bei den Wolfsburgern, kurz darauf auch beim Club. Die Namen der Spieler sagten Wallner nichts. Er kannte nur Harry Mägerlein, weil dessen Name auf dem Zettel gestanden hatte.

»Es ist nur ein Fußballspiel«, sagte er sich, als das 2:0 fiel. »Davon geht die Welt nicht unter.« Aber er wusste, dass er morgen unter Cramers schlechter Laune würde leiden müssen.

Als das Spiel aus war, schaltete Wallner das Radio ab. Der Club hatte zwar verloren, aber er hatte immer noch alle Chancen auf den Klassenerhalt. Wallner zappte noch eine Weile im Fernseher herum, konnte aber nichts finden, was ihn interessierte. Er machte sich Spaghetti mit Tomatensauce, beschloss, auf den Salat zu verzichten, und trank noch ein Bier dazu. Als er um kurz nach zehn ins Bett ging, fühlte er sich angetrunken.

»Mein erster Tag als Fußballfan«, kicherte er und schlief ein.

Als sein Handy schrillte, waren seiner Meinung nach keine zehn Minuten vergangen. Doch ein Blick auf die Uhr zeigte ihm, dass es kurz nach sechs war.

»Wir haben eine Leiche«, bellte die vertraute Stimme Cramers ihm entgegen. »Lorenzkirche, sofort.«

XII

Es war ein ungewöhnlicher Ort, um eine Leiche zu drapieren. Und doch machte er auch Sinn, wenn man ihn mit den Augen des Mörders betrachtete.

Wallner ging einmal um den Brunnen herum, bevor er sich den Toten näher ansah. Ausnahmsweise hatte ihn Miriam mit den bereits bekannten Details vertraut gemacht; keiner wusste, wo Cramer steckte. Er war aber schon gesehen worden.

Bei dem Toten handelte es sich um den Schiedsrichter, der das Spiel Nürnberg–Wolfsburg am Tag zuvor gepfiffen hatte. Er lag mit dem Kopf nach unten im Brunnen, das linke Bein hing über dem Gitter. Da die Saison noch nicht eröffnet war, war noch kein Wasser im Brunnen, Ertrinken konnte man wahrscheinlich als Todesursache ausschließen.

Wallner stieg vorsichtig die Stufen hoch und schaute sich den Toten näher an. Um seinen Hals lag eine dicke Schnur, mit der er allem Anschein nach erdrosselt worden war. *Sieht nach Paketschnur aus.* Wallner dachte an die Paketbombe und das tote Model. *Derselbe Täter oder noch ein Verrückter?* Die Schnur führte vom Hals des Toten zur Figur der Gerechtigkeit, die mit verbundenen Augen, der Waagschale in der Linken und dem Schwert in der Rechten ganz oben auf dem Brunnen stand. *Da spielt einer Gott.*

Der Hinweis auf das Fußballspiel vom Vortag war mehr als eindeutig. Wallner stieg die Stufen wieder hinunter und ging ein paar Schritte vom Brunnen weg, um sich einen Überblick zu verschaffen. Die tote Freundin eines Fußballers, eine lächerlich harmlose Bombe im Stadion, ein erdrosselter Schiedsrichter im Tugendbrunnen – hingen die Fälle zusammen? Es gab immerhin eine Gemeinsamkeit: den 1. FCN.

»Wurde er hier getötet?«, wollte Wallner von Miriam wissen.

»Keine Ahnung«, sagte sie. »Das werden wir wohl erst nach der Obduktion erfahren.«

Wallner schaute nachdenklich auf den Brunnen. »Ein etwas seltsamer Ort, um jemanden umzubringen, oder?« Er sah sich um. Es war noch wenig los in der Stadt. Ein paar Spätheimkehrer waren vor ein paar Minuten singend und tanzend vorbeigezogen, aber sie hatten nicht einmal mitbekommen, dass etwas nicht stimmte. Die Straßenkehrer waren freundlich, aber bestimmt aufgefordert worden, woanders zu kehren.

Das junge Pärchen, das die Leiche entdeckt hatte, stand verschüchtert an die Hauswand des *Vapiano* gelehnt. Ein Polizist in Uniform stand daneben.

»Wurden sie schon befragt?«, wollte Wallner wissen.

Miriam nickte. »Sie haben die Leiche erst gar nicht gesehen.« Sie lächelte, sagte leiser: »Ist vermutlich ihr erstes Date. Und dann gleich so was.« Sie warf einen mitleidigen Blick auf die beiden, die zwar nah beieinander standen, sich aber nicht an den Händen hielten. »Das wird nichts, fürchte ich«, mutmaßte sie.

»Oder es schweißt sie zusammen«, widersprach Wallner. »Ich vermute, sie haben außer der Leiche nichts gesehen?«

Wieder nickte Miriam. »Richtig. Sie geben offen zu, nicht darauf geachtet zu haben. – Sie wirken ehrlich.«

»Ich denke, sie können gehen«, sagte Wallner zu Miriam. »Das übliche Prozedere.« Sie ging zu dem Paar und sprach mit den beiden. Die junge Frau lächelte dankbar. Als ihr Begleiter nach ihrer Hand greifen wollte, zog sie sie weg. Miriam hatte wohl recht: Das würde nichts werden mit den beiden.

Wallner wandte sich wieder dem Brunnen und der Leiche zu. Der Tote war mit Jeans und Hemd bekleidet, eine Jacke war nicht zu sehen. Der rechte Fuß steckte in einem abgewetzten Lederschuh, der linke Schuh fehlte. Wallner blickte sich suchend um.

Miriam kam zurück. »Die beiden sind fix und fertig«, sagte sie.

»Leo würde sagen: Ein Toter am Morgen vertreibt Kummer und Sorgen«, feixte Wallner. Dann wurde er ernst. »Hast du einen herrenlosen Schuh gesehen?« Er zeigte auf den schuhlosen Fuß der Leiche.

Miriam schüttelte den Kopf. »Ich mach mich gleich mit Sabrina auf die Suche«, sagte sie.

»Egal, ob er schon tot war oder nicht – der Täter muss groß und kräftig sein«, sagte Wallner. Der Schiedsrichter war zwar kein großer Mann, dennoch musste es erhebliche Kraft gekostet haben, ihn über das Gitter in den Brunnen zu hieven.

»Oder sie waren zu zweit«, warf Miriam ein.

»Könnte sein«, stimmte Wallner zu, obwohl er es nicht glaubte. Das war die typische Tat eines Einzeltäters, der der Welt etwas mitteilen wollte. Wallner wandte sich zu Miriam. »Wir sollten versuchen, die Presse so lange wie möglich rauszuhalten.« Er sah sich um. »Wo steckt Leo eigentlich?«

»Er wollte telefonieren«, erwiderte Miriam.

»Und dazu muss er verschwinden?«

»Sein Handy war kaputt oder der Akku leer. Irgendsowas. Ich geh dann mal den Schuh suchen.«

Wallner runzelte die Stirn. Sicher hatte Leo wieder eine Sonderaktion im Sinn. Die Kollegen der KT trafen ein.

»Können sich die Typen nicht mal eine bessere Uhrzeit ausdenken?«, brummte einer.

»Ist doch wieder typisch – mitten in der Nacht«, entgegnete ein anderer, auch nicht besser gelaunt.

»Ich organisiere uns eine Runde Kaffee«, rief Wallner. Zu Marius sagte er: »Ruf mich an, wenn Leo auftaucht.«

Es dauerte eine Weile, bis Wallner einen Laden fand, der um diese Uhrzeit schon besetzt war. Er musste den jungen Mann mit all seiner polizeilichen Überzeugungskraft überreden, ihm zehn Kaffees aufzubrühen. Dafür gab er großzügig Trinkgeld.

Als er mit den Bechern Kaffee zum Tatort zurückging, vibrierte sein Handy, doch er hatte beide Hände voll. Von weitem hörte er Leos Stimme. *Ist ja klar, dass er kommt, wenn ich nicht da bin*, dachte er. Doch die Lobeshymnen der Kollegen, die sich auf den Kaffee stürzten, entschädigten ihn dafür. Es blieb sogar noch einer übrig, den Wallner Leo anbot. Der schüttelte jedoch den Kopf.

»Ich habe das Club-Präsidium verständigt. Auf die kommt eine Lawine zu«, sagte er.

Wallner fand es nicht in Ordnung, dass Leo wieder mal eine Extrawurst hatte, aber es half auch nichts, wenn er jetzt widersprach. Deshalb zuckte er nur die Achseln. Er hatte auf jeden Fall ein reines Gewissen.

Dr. Fischer trat auf sie zu. »Ich vermute, er wurde mit der Paketschnur erdrosselt. Todeszeitpunkt vor circa vier Stunden. Wie immer plus minus. Oberflächlich betrachtet, sind keine weiteren Verletzungen zu sehen. Mehr nach der Obduktion, wie ihr wisst.«

»Wann?«, knurrte Cramer.

»Ich hab noch zwei Leichen auf dem Tisch, also frühestens am späten Nachmittag«, sagte Fischer fröhlich. »Bis später.«

»Dass du immer so gute Laune haben musst«, brummte Cramer.

Dr. Fischer lachte. »Was hilft's, wenn man als Miesepeter durchs Leben geht?«, fragte er, aber Cramer hörte schon nicht mehr hin.

Wallner verkniff sich ein Grinsen.

Die Lorenzkirche schlug zweimal, es war gerade mal halb acht. Wallner schaute zur Burg hinüber, die majestätisch über der Altstadt thronte. Früher, im Mittelalter, war der Blick sicher nicht so verbaut gewesen wie heute. Er wandte sich ab.

Inzwischen standen einige Neugierige um die Absperrung herum und behinderten die Männer von der Bestattung, die Leiche abzutransportieren. Wallner entdeckte auch ein paar Leute von der örtlichen Presse. Er fragte sich, warum sich ein Mord immer so schnell herumsprach. Vor allem, wie.

»Was sagen wir der Presse?«, fragte er seinen Chef.

»Nichts, wie immer«, kam die Antwort. »Lass das unsere Leute übernehmen.«

Zehn Minuten später gab Cramer das Kommando zum Aufbruch. »Die KT macht den Rest, wir werden hier nicht mehr gebraucht.«

Cramer ging Richtung Lorenzer Straße, wo er seinen Wagen geparkt hatte. Wallner hatte sein Auto der Einfachheit halber gleich im Präsidium abgestellt und ging deshalb zu Fuß durch die Karolinenstraße zum Jakobsplatz. Die Stadt füllte sich allmählich mit Leben, bei einigen Geschäften wurden Rollläden hochgezogen, in anderen wurde geputzt oder Regale aufgefüllt. Als er am Ehekarussell vorbeikam, musste Wallner an seine Ehe denken. Ob es noch eine Chance gab? Dass er auch an Charlotte Braun denken musste, konnte er überhaupt nicht nachvollziehen.

Sie hielten eine kurze Besprechung ab, bei der den anderen Teammitgliedern, die nicht am Tatort gewesen waren, noch einmal die Details mitgeteilt wurden: Werner Klebisch, Inhaber eines Reisebüros in Essen, im zweiten Beruf Schiedsrichter in der 1. Bundesliga, war zu Tode gekommen. Vermutliche Todesursache: Erdrosseln. Außer der Polizei und dem Club-Präsidium wusste noch keiner Bescheid, zumindest nicht offiziell. Cramer verteilte die Aufgaben:

»Marius, versuche, die anderen Schiedsrichter ausfindig zu machen. Womöglich wissen sie etwas über Klebisch. Wo er gestern Abend war etc. pp.«

Marius machte sich eine Notiz. Ein paar Kollegen wurden zur Befragung der umliegenden Anwohner geschickt. Vielleicht hatte ja einer etwas gehört oder gar gesehen.

»Nächstes Treffen heute Nachmittag um zwei«, sagte Leo, stand auf und verließ den Besprechungsraum, gefolgt von seinen Leuten.

Auf dem Weg ins Büro sagte Leo zu Wallner: »Kannst du mal diese Expolizistin anrufen, du weißt schon, die aus München? Ich hab das Gefühl, sie weiß mehr, als sie uns sagen will. Horch sie mal aus.« Er grinste anzüglich. »Lad sie meinetwegen zum Essen ein. Du bist doch wieder zu haben, oder?«

Wallner biss sich auf die Zunge, um nichts zu erwidern. Er nickte nur und schloss die Tür zu seinem Büro. Im Gegensatz zu Cramer war er überzeugt, dass Frau Braun ihnen nichts verschwieg. Aber er hatte sowieso vorgehabt, sie anzurufen.

Er zögerte das Telefonat mit Charlotte Braun hinaus. Überrascht stellte er fest, dass er Angst davor hatte. Das war natürlich vollkommen lächerlich, dennoch schob er den Anruf vor sich her. Sollte Leo nachfragen, könnte er immer noch sagen, er habe die Frau nicht erreicht.

Am späten Nachmittag war er gerade mit dem vorläufigen Obduktionsbericht beschäftigt, den Dr. Fischer gefaxt hatte, als das Telefon klingelte. So, wie es aussah, war der Schiedsrichter nicht am oder im Brunnen getötet worden. Der Pathologe hatte Grashalme gefunden, die denen eines Fußballrasens entsprachen. Na, das konnte ja heiter werden! Da hatte der Club neben dem Abstiegskampf auch noch einen satten Skandal am Hals.

Gedankenverloren meldete Wallner sich.

»Hier ist Charlotte Braun«, sagte eine weibliche Stimme.

Wallners Herz begann zu rasen. Was war nur mit ihm los? Hatte er Entzugserscheinungen, dass er beim Klang einer Frauenstimme Herzklopfen bekam wie ein Teenager?

»Hallo«, sagte er und musste sich räuspern.

»Störe ich?«, fragte sie.

»Ähm, nein, nein, überhaupt nicht.«

Sie lachte. »Das sage ich immer, wenn ich gerade mitten in einer wichtigen Ermittlung stecke.« Sie machte eine kurze Pause, sagte dann: »Ich meine, das sagte ich immer.«

Sie schwiegen so lange, bis es Wallner unangenehm wurde. »Haben Sie neue Informationen für uns?«, fragte er.

»Nein, leider nicht«, kam die Antwort. »Im Gegenteil: Ich wollte wissen, ob es etwas Neues gibt.«

Ob sie schon von dem toten Schiedsrichter wusste? Leos Vorschlag fiel ihm ein. Er brauchte eine Pause; er saß seit heute Morgen hier, hatte zu Mittag kaum etwas gegessen.

»Ja und nein«, erwiderte er. »Haben Sie Lust auf einen Kaffee? Ich muss hier mal raus.«

Braun lachte. »Ja, etwas Abwechslung würde mir auch nicht schaden. Ich habe heute den ganzen Tag tapeziert.«

»Respekt«, sagte Wallner. »Falls ich mal Bedarf habe, melde ich mich bei Ihnen. – Kennen Sie das Café am Trödelmarkt? Es hat die besten Kuchen der Stadt und eine schöne Aussicht auf den Henkersteg.«

Als sie verneinte, gab er ihre eine Wegbeschreibung. Sie verabredeten sich für eine halbe Stunde später.

Wallner war zehn Minuten früher da, er wollte sichergehen, dass sie einen ruhigen Tisch bekamen. Sagte er sich zumindest. Aber insgeheim musste er sich eingestehen, dass er nervös war. Er fragte sich warum. Klar, seine Ehe hatte sich in den letzten Jahren tot gelaufen, aber er glaubte fest an eine neue Chance mit Dorothea. Außerdem hatte er zwei Mordfälle auf dem Tisch. Da konnte er keine Liebelei gebrauchen.

Sei nicht kindisch, ermahnte er sich. *Es ist doch nichts dabei, sich mit einer Kollegin in einem Café zu treffen.*

Charlotte Braun machte es ihm einfach. Sie war charmant, sie lachte viel, aber sie blieb auf Distanz. Wallner entspannte sich.

Nachdem sie ihren Kuchen gegessen hatten, lehnte sie sich zurück und sagte vorsichtig: »Ich habe gehört, es hat einen weiteren Todesfall im Umfeld des Clubs gegeben.«

Wallner verzichtete darauf, sie nach der Quelle zu fragen. Sicher war es wie ein Lauffeuer durch die Valznerweiherstraße gegangen, und soweit er sich erinnerte, hatte Frau Braun einen fußballverrückten Sohn.

»Ja, aber bisher weiß das außer uns und dem Club keiner.«

»Von mir wird es niemand erfahren«, sagte sie und legte einen Finger auf die Lippen.

Wallner beschloss, ihr zu vertrauen. Er hatte endlich bei den Kollegen in München angerufen und einige interessante Fakten über Frau Braun erfahren: Sie hatte ihre Ausbildung in München begonnen, ging später zur Sitte, heiratete einen Kollegen und wurde schwanger. Als der Junge drei war, wurde der Ehemann bei einem Einsatz erschossen. Braun nahm daraufhin an einem Austauschprogramm mit den englischen Kollegen teil und arbeitete zunächst in Leeds, später in Manchester. Sprachliche Barrieren hatte es für sie keine gegeben, ihre Mutter war Engländerin.

»Sie hat viel mitgemacht«, hatte Böhmer, ihr Vorgesetzter in München, gesagt, ohne auf Details einzugehen. »Aber sie ist auch tough. Und sie ist eine gute Polizistin.« Er hatte einen Moment lang geschwiegen, dann leise hinzugefügt: »Es wäre gut, wenn sie wieder in den Polizeidienst ginge.«

Mit knappen Sätzen berichtete Wallner von dem toten Schiedsrichter. Braun schmunzelte trotz der ernsten Lage. »Von dem, was ich gestern aus dem Zimmer meines Sohnes gehört habe, wundert mich das nicht. Dieser Schiedsrichter war wohl alles andere als unparteiisch.« Sie lächelte. »Mein Sohn war sowieso schon sauer, weil ich ihn nicht zu dem Spiel gelassen habe. Es war mir einfach zu riskant.«

»Vielleicht war der Schiedsrichter auch nur überfordert«, warf Wallner ein. »Das hört man ja immer wieder. – Ich bin kein Fußballexperte«, fügte er entschuldigend hinzu. »Aber weder das eine noch das andere ist ein Grund, ihn umzubringen.«

»Natürlich nicht«, pflichtete Braun ihm bei. Sie nahm einen Schluck Cappuccino, fragte dann: »Haben Sie schon eine Spur?«

Wallner schüttelte den Kopf. »Nein, dafür ist es noch zu früh. Die Kriminaltechnik wertet noch alle Spuren aus.« Er war verwundert, weil Charlotte Braun erneut lachte.

»Tut mir leid, das war ein Missverständnis«, sagte sie und legte für den Bruchteil einer Sekunde ihre Hand auf sein Knie. »Ich meinte natürlich Danas Fall.«

»Ach so«, sagte Wallner und starrte irritiert auf sein Knie. Warum brannte die Stelle plötzlich so? »Nein, wir haben auch hier noch keine heiße Spur«, sagte er. »Leo, also mein Chef, meint, die beiden Fälle hängen zusammen.« Er schaute sie fragend an. »Was meinen Sie?«

Sie dachte kurz nach. »Von dem, was Sie mir erzählt haben, kann ich es mir nicht vorstellen. Welche Verbindung haben Dana und ein Schiedsrichter aus …?«

»Essen.«

»… aus Essen«, sagte sie. »Das macht doch keinen Sinn.«

»Die Verbindung ist der …«, begann Wallner.

»… Club«, ergänzte sie. »Ist mir klar. Dennoch – was haben die beiden gemein? Auf den ersten Blick absolut nichts.«

Wallner zögerte, sagte dann aber doch: »Ich habe gehört, Sie haben Timo Hartmann befragt.«

Sie reagierte überrascht, aber lachend. »Na, Sie haben aber auch Ihre Quellen«, sagte sie. »Ja, ich wollte mich einfach mal mit ihm unterhalten.« Sie beugte sich vor. »Sie wissen ja, dass er ein Verhältnis mit Dana hatte. Bevor sie und Eric zusammen kamen.«

Wallner bestätigte es. »Mein Chef ist der Ansicht, dass Hartmann gut als Täter für beide Morde in Frage käme. Er ist als aggressiv bekannt – denken Sie nur an den Auftritt letzte Woche beim BR. Er war eifersüchtig auf Eric, weil er mit Dana zusammen war. Das Motiv für den Mord an dem Schiri dürfte klar sein.«

»Er war nicht eifersüchtig, dass Dana und Eric zusammen waren«, widersprach Braun. »Wenn überhaupt, dann ist er eifersüchtig auf Erics Status beim Club. Er ist zwar der Mannschaftskapitän, aber Eric hat in dieser Saison wesentlich häufiger gespielt als er.«

»Sie sind eine Fußballexpertin«, sagte Wallner.

Sie lachte. »Nein, absolut nicht. Ich weiß das alles von meinem Sohn. Na ja, und ein bisschen was aus der Presse beziehungsweise aus dem Internet. Den Rest muss man sich zusammenreimen.« Sie wurde ernst. »Ich will Ihnen nicht in Ihren Job reinreden, aber ich bin sicher, dass die beiden Morde nichts miteinander zu tun haben. Eine Paketbombe und eine Erdrosselung? Das passt nicht zusammen.«

»Er hätte auch die Bombe im Stadion platzieren können«, gab Wallner zu bedenken.

Braun schüttelte den Kopf. »Was hätte er davon? Wenn ich recht informiert bin, gab es so eine Art Bekennerbrief. Was hätte Timo Hartmann davon zu fordern, dass Harry Mägerlein spielt? Die beiden sind doch Konkurrenten.«

Wallner gab ihr insgeheim recht, aber er wagte nicht, seinem Chef in den Rücken zu fallen.

»Ich fürchte, wir werden abwarten müssen, wen wir letztendlich festnehmen«, sagte er und winkte der Bedienung.

XIII

Die Fahrt zurück nach Nürnberg war alles andere als lustig. Ausgerechnet gegen die Freiburger zu verlieren – das hätte nicht passieren dürfen. Und dann auch noch die Spekulationen der Presse über den toten Schiedsrichter. Die Stimmung im Team war am Gefrierpunkt.

Irgendwer hatte beschlossen, Timo Hartmann mit nach Freiburg zu nehmen, obwohl er gesperrt war. Aber so war er wenigstens etwas unter Kontrolle und konnte nicht ausrasten, weil ihm ein Reporter dumm kam.

Auch Harrys Stimmung war nicht die beste. Er hätte locker über die gesamten 90 Minuten spielen können, aber er war gegen Eric ausgewechselt worden. Manchmal konnte er die Entscheidungen des Trainers nicht nachvollziehen. Er verstand auch nicht, warum Timo immer wieder von oben gedeckt wurde. Egal, was er anstellte, immer wieder gab's Schützenhilfe für ihn. Klar, er war der Kapitän und machte als solcher seinen Job auch wirklich gut. Dennoch war es unfair.

»Na, bist du schon aufgeregt?« Eric setzte sich neben ihn und stieß ihn freundschaftlich an.

Harry zuckte mit den Schultern. »Geht so«, sagte er wahrheitsgemäß. Er ärgerte sich, dass er ausgerechnet den Dänen um Rat gefragt hatte, denn jetzt zog dieser ihn permanent auf.

»Wird schon schiefgehen«, sagte Eric in diesem Moment. »Sei einfach du selbst, dann klappt das.«

Genau das war ja das Problem. Wenn Harry er selbst war, war er schüchtern und zurückhaltend. Wie sollte er da eine Frau wie Clara für sich gewinnen? Obwohl – hatte sie nicht völlig überraschend dem morgigen Date zugestimmt? Harry konnte es immer noch nicht fassen.

Die Frau war wirklich der Hammer. Sie war einige Jahre älter als er, aber was machte das schon? Sie sah klasse aus, hatte eine Traumfigur und war witzig. Dass sie sich in einer Disco kennen gelernt hatten, die für gewisse Damen bekannt war, war doch Nebensache. Clara war sicher nicht so eine »Dame«.

Da gab es nur ein kleines Problem: Sie hatten ausgemacht, dass Harry sie abholen würde. Aber konnte er ernsthaft mit dem alten Ford Fiesta seiner

Mutter vorfahren? Er könnte natürlich ein Taxi nehmen, aber ihm schwebte da etwas ganz anderes vor.

»Kann ich dich was fragen?«, sagte er zu Eric.

»Klar, immer, das weißt du doch.«

Harry zögerte. Seine Bitte war doch etwas heikel, immerhin war Erics Freundin gerade mal zwei Wochen tot. Andererseits wirkte Eric nicht gerade wie der trauernde Witwer. »Ich habe kein Auto«, sagte er. »Also, ich habe natürlich ein Auto«, verbesserte er sich. »Ich meine nur, es ist nicht gut genug.« So, jetzt war es raus.

Eric sah ihn fragend an, dann schien er zu kapieren. »Du willst dir ein Auto leihen? Mein Auto?«

Harry nickte zögernd. Eigentlich hatte er nach Danas Wagen fragen wollen, aber er würde natürlich auch den Porsche nehmen.

Eric überlegte kurz, schlug ihm dann kräftig mit der Hand auf den Arm und sagte: »Klar, Junge. Du kannst den Porsche nehmen. Ich hab ja immer noch den BMW.« Er beugte sich zu Harry und flüsterte verschwörerisch: »Man muss bei den Damen Eindruck schinden, besonders beim ersten Date.« Er stupste Harry mit dem Ellbogen. »Komm morgen Mittag vorbei, dann machen wir eine kleine Probefahrt.«

»Das würdest du wirklich tun?«, fragte Harry.

»Na hör mal, wir sind doch Freunde«, rief Eric. »Das ist doch selbstverständlich.«

Harry fragte sich, ob das mit den Freunden wirklich stimmte. Aber es war ja egal, aus welchen Beweggründen Eric ihm seinen geliebten Porsche lieh. Hauptsache, er tat es.

Als sie in Nürnberg eintrafen, teilte ihnen der Trainer mit, dass sie noch gemeinsam aufs Volksfest gehen würden, immerhin war der letzte Tag. Es gäbe zwar nichts zu feiern, andererseits würde etwas Abwechslung auch nicht schaden.

Harry mochte das Volksfest, es erinnerte ihn an seine Kindheit, als seine Eltern mit ihm nach Nürnberg fuhren, um über den Festplatz zu schlendern. Er hatte immer einen bestimmten Geldbetrag bekommen, den er ausgeben durfte, wofür er wollte. Früher waren es 10 Mark gewesen, später dann 20 Euro. Meist hatte er sich nicht entscheiden können und hatte am Ende noch Geld übrig.

Harry seufzte. Das genau war sein Problem. Er konnte sich einfach nicht entscheiden. Obwohl – bei Clara war ihm das leicht gefallen. Er lächelte.

****

Am nächsten Tag stand er bereits am späten Nachmittag vor dem Spiegel und zog zum dritten Mal seinen Scheitel nach. Immer wurde er schief.

Alle paar Minuten lief er zum Fenster und schaute hinunter. Eric hatte Wort gehalten: Der Porsche stand immer noch vor dem Haus.

Bei der Probefahrt am Morgen hatte Harry beschlossen, sich auch so einen Wagen zu kaufen. Man konnte süchtig werden nach dem satten Sound des Motors und dem wunderbaren Vibrieren. Und dann erst diese Beschleunigung! Ein Wahnsinn!

Pfeifend lief Harry durch die Wohnung und räumte auf. Er hatte zwar nicht vor, Clara nach dem Abendessen mit zu sich zu nehmen, aber man wusste ja nie. Die Frage, ob Clara dann in seiner Achtung sinken würde, schob er weit von sich.

Harrys Blick fiel auf die Zeitung. *Noch keine heiße Spur im Fall des toten Schiedsrichters*, war die Hauptüberschrift. Seit einer Woche ging das so. Und Timo gelangte dabei immer mehr in den Blickpunkt der Presse. Hatte ihn jemand hingehängt oder hatte er wirklich etwas mit den Mordfällen zu tun?

Harry wollte es nicht glauben. Klar, Timo war ein Choleriker, aber er war sicher kein Mörder. Allerdings hatte er seit Wochen eine äußerst schlechte Phase. Erst die nicht enden wollende Magen-Darm-Geschichte, dann der Ausraster beim BR, die damit verbundene Sperre und jetzt auch noch die Verdächtigungen der Presse.

Die Polizei schien sich dagegen weniger für ihn zu interessieren. Zumindest hatte Harry nichts dergleichen mitbekommen. Sie waren alle befragt worden, nachdem der Schiri tot aufgefunden worden war, aber sie hatten alle ein Alibi: Sie waren alle noch im Hotel gewesen.

Harry stutzte. Nein, Timo war nicht mit ihnen im Hotel gewesen. Der Trainer hatte ihn nicht mitgenommen. Er würde doch nicht etwa ...?

Nein! Harry schüttelte den Kopf. Timo war definitiv kein Mörder. Er nahm die Zeitung und stopfte sie in die Plastiktüte, in der schon jede Menge anderer Müll steckte.

Schluss mit den trüben Gedanken, beschloss Harry. In drei Stunden würde er Clara sehen, das war jetzt wichtiger als alles andere.

Er rasierte sich noch einmal, sprühte noch einmal ein Eau de Toilette auf, beschloss, dass er zu viel des Guten getan hatte und stieg zum dritten Mal an diesem Tag in die Dusche.

Ich dreh durch, dachte er. *Und das wegen einer Frau.* Er hoffte, dass es diese Frau wert war.

Als er endlich fertig war, hatte er immer noch eine Stunde Zeit. Er überlegte, ob er mit dem Porsche eine kurze Spritztour machen sollte, entschied sich dann dagegen. Womöglich passierte etwas und er käme nicht rechtzeitig zum seinem Date. Nicht auszudenken!

Doch endlich war es soweit. Harry prüfte noch einmal den Sitz seiner Krawatte, fuhr sich durch die gegelten Haare, zupfte einen nicht vorhandenen Fussel vom Jackett. »Na dann«, flüsterte er und verließ das Haus.

Es war nicht weit bis Claras Wohnung, dennoch genoss er die kurze Fahrt. Er klingelte, zwei Minuten später erschien Clara in einem Traum aus hellem Grün. Es passte perfekt zu ihren grünen Augen und den roten Haaren.

»Schickes Auto«, sagte sie und küsste ihn zur Begrüßung auf die Wange.

»Geliehen«, gab Harry in einem Anfall von Ehrlichkeit zu. »Ich wollte dir imponieren.«

»Dazu brauchst du doch kein Auto«, gab sie lachend zurück.

»Wir könnten trotzdem schnell eine Spritztour machen«, schlug Harry vor. »Jetzt, wo ich das Auto schon mal habe.«

»Lieber nach dem Essen. Ich sterbe vor Hunger«, sagte Clara. Sie kicherte leise in sich hinein, sagte dann: »Ich habe den ganzen Tag vor Aufregung nichts gegessen.«

Harry nahm ihre Hand und drückte sie kurz. Er hatte ein wahnsinnig gutes Gefühl.

Sein Gefühl trog ihn nicht, es wurde ein wunderbarer Abend. Eric hatte ihm das *Essigbrätlein* empfohlen, ein kleines, aber sehr feines Lokal in der Altstadt.

»Es hat zwei Sterne, ist also nicht ganz billig«, hatte Eric gesagt. »Aber das muss es dir wert sein.« Harry hatte nur genickt.

Und tatsächlich war das Restaurant perfekt für ein erstes Date. Der Service war unauffällig, das Essen hervorragend. Ihm zuliebe verzichtete Clara ebenfalls auf Wein, aber sie kamen auch ganz ohne Alkohol in Stimmung. Es gab kein Problem, ein gemeinsames Thema zu finden; sie hatten denselben Humor, lachten gern und viel, waren unendlich verliebt.

Als sie das Restaurant verließen, nahm Clara Harrys Hand und sagte: »Es war wunderbar, vielen Dank. Lass uns ein bisschen durch die Stadt laufen, ja? Ich liebe Nürnberg bei Nacht.«

Sie liefen an der Sebalduskirche entlang Richtung Hauptmarkt, weiter über die Fleischbrücke.

»Ich mag diesen Blick«, schwärmte Clara und zog Harry Richtung Trödelmarkt. Unter den Arkaden blieb sie stehen. »Jetzt sind wir in Venedig«, flüsterte sie.

Der Kuss war lang und süß und wunderbar. Harry war wie berauscht. Hand in Hand liefen sie schweigend durch die Stadt.

»Bist du hier aufgewachsen?«, wollte Clara schließlich wissen.

»Wie man's nimmt«, erwiderte Harry. »Ich bin eigentlich aus der Nähe von Lauf. Aber als ich anfing, für den Club zu spielen, zogen meine Eltern mit mir hierher.«

»Wie alt warst du da?«

»Elf.«

»Das war sicher eine große Umstellung für dich«, sagte Clara.

Harry zuckte mit den Schultern. »Wie man's nimmt. Viel gesehen von der Stadt habe ich zu Beginn nicht. Es gab nur Schule und Training. Da bleibt nicht viel Zeit für anderes.«

»Und wie ist das jetzt?«, fragte Clara leise.

Harry zog sie an sich. »Jetzt habe ich keine Schule mehr, also habe ich jede Menge Zeit.« Er küsste sie.

Sie bummelten noch eine Weile durch die Stadt, doch es wurde kalt und sie beschlossen, noch eine kleine Spritztour mit dem Porsche zu machen. Während Harry den Wagen durch die engen Straßen der Altstadt bugsierte, sagte Clara: »Ich muss dir was sagen.«

Harrys Herz begann zu rasen. Was kam jetzt? Sagte sie ihm jetzt, dass sie leider schon einen Freund habe und es deshalb nichts mit ihnen beiden werden würde? Aber warum war sie dann überhaupt mitgegangen?

»Hörst du mir eigentlich zu?«

»Was?« Harry wandte kurz den Kopf zu Clara.

»Halt mal an, sonst baust du noch einen Unfall«, sagte sie und lächelte ihn an.

Sein Herz machte einen Stolperer. Er fuhr an den Straßenrand und hielt an.

»Ich wollte dir nur sagen, dass es ein wunderschöner Abend war und dass ich dich sehr mag«, begann Clara. »Ich mag dich sogar mehr als sehr«, fuhr sie fort und kicherte. »Aber ich will nicht schon heute mit dir schlafen.« Sie schaute ihn vorsichtig fragend an.

Harry atmete tief durch, dann lachte er befreit auf. Er beugte sich zu Clara und küsste sie.

»Fein«, sagte er. »Dann sind wir uns einig. Ich bin auch kein Typ für schnelle Nummern. Lass es uns langsam angehen.«

Clara nickte und griff nach seiner Hand.

Wäre Harry nicht abgelenkt gewesen, hätte er den anderen Wagen gesehen und rechtzeitig gebremst. Doch seine Gedanken waren bei Clara, nicht beim Verkehr. Es war ja auch kaum etwas los auf den nächtlichen Straßen.

Es ging alles sehr schnell: Es gab einen furchtbaren Schlag von rechts, der Porsche drehte sich mehrmals um die eigene Achse, der Airbag auf der Beifahrerseite explodierte, eine Frau schrie.

Harry wurde trotz Gurt gegen das Lenkrad geschleudert und verlor für einen kurzen Moment das Bewusstsein. Als er wieder zu sich kam, war alles still. Im ersten Moment wusste er nicht, wo er war und was geschehen war, doch dann fiel es ihm wieder ein. Er wollte sich umsehen, doch seine Halswirbelsäule tat höllisch weh.

»Clara?«, sagte er laut. Keine Antwort. Er versuchte noch einmal, den Kopf zu drehen. Aus den Augenwinkeln heraus sah er den Airbag, mehr nicht.

»Clara?«, schrie er. »Geht's dir gut?« Diesmal kam ein leises Stöhnen. Er hätte beinahe geweint. Sie war am Leben. Er bewegte vorsichtig seinen rechten Arm. Als das einigermaßen schmerzfrei möglich war, schob er den Arm Richtung Beifahrersitz. Er stieß an etwas Spitzes, dann kam etwas Weiches. Es war der Stoff von Claras Kleid. Er fühlte sich feucht an.

Blut?

Bevor er darüber nachdenken konnte, tauchten plötzlich blaue Blitze vor ihm auf und mehrere Stimmen ertönten. Jemand klopfte an das Seitenfenster. »Geht es Ihnen gut? Können Sie mich hören?«

Harry versuchte zu nicken, zuckte zusammen, weil es so weh tat, rief: »Ja, ich kann Sie hören.«

Eine Tür wurde aufgerissen, er wusste nicht welche, es wurde kalt, irgendjemand zupfte an ihm herum. Eine Hand griff nach seinem Handgelenk, fühlte den Puls.

»Clara«, flüsterte er. »Verletzt.«

»Wir kümmern uns um Ihre Frau«, sagte ein Mann. »Bleiben Sie ganz ruhig sitzen, wir holen Sie da raus. Haben Sie Schmerzen?«

»Am Hals«, sagte Harry.

»Bringt mir eine Halskrause«, rief der Mann neben ihm. Kurze Zeit später fühlte Harry einen festen Gegenstand um seinen Hals.

»Clara«, sagte er wiederholt. »Wie geht es ihr?«

»Die Kollegen kümmern sich um sie«, sagte der Mann. »Ich taste Sie jetzt ab. Wenn es irgendwo weh tut, sagen Sie Bescheid, ja?«

Harry fühlte eine Hand im Rücken, am Bauch, an den Armen und an den Beinen.

»Keine Schmerzen?«

Harry wusste es nicht. Die Hand war unangenehm gewesen, aber hieß das, dass er Schmerzen hatte?

»Weiß nicht«, entschied er sich für die Wahrheit.

»Okay, kein Problem«, erwiderte der Mann.

Harry spürte, wie er langsam das Bewusstsein verlor, und kämpfte dagegen an. Er wollte unbedingt wissen, was mit Clara war.

Er war wohl doch kurz weg gewesen, denn er spürte plötzlich einen Stich im linken Ellbogen.

»Das ist eine Infusion«, sagte eine weibliche Stimme. »Für alle Fälle.«

Harry brummte nur. Warum wollte ihm niemand sagen, was mit Clara war? »Was ist mit Clara?«, flüsterte er.

»Sie ist schon auf dem Weg ins Krankenhaus«, antwortete die Frau. »Bei Ihnen dauert es noch etwas.«

»Geht es ihr gut?«

»Soweit ich weiß, ja«, kam die Antwort.

Das war alles, was Harry wissen wollte. Er flüsterte ein »Danke« und überließ sich dann der Dunkelheit.

XIV

Wallner holte sich die zweite Flasche Bier aus dem Kühlschrank und ging zurück ins Wohnzimmer. Leo hatte ihm sozusagen befohlen, sich einen gemütlichen Abend vor dem Fernseher zu machen und bald ins Bett zu gehen. Nur ein wacher Geist entdeckte Spuren, die man bei Übermüdung übersah.

Das mit der Gemütlichkeit hatte sich in Grenzen gehalten, bei Pizza und Bier. Und im Bett lag er auch immer noch nicht. Es war kurz nach Mitternacht.

Das Handy vibrierte. Wallner beschloss, es zu ignorieren. Er zappte zwischen den Programmen herum, doch nichts konnte ihn länger als eine Minute fesseln. Das Handy vibrierte erneut.

»Verdammter Mist«, fluchte Wallner. »Hat man denn nicht einmal seine Ruhe?« Dennoch griff er zum Telefon, hoffte insgeheim, der Langeweile seiner Wohnung entfliehen zu können.

»Was?«, bellte er ins Handy. Der Anrufer sollte ruhig wissen, dass er störte.

»Herr Wallner?«, sagte eine schüchterne weibliche Stimme.

Wallner bestätigte.

»Ich soll Sie verständigen, weil es einen Zwischenfall gibt, der im Zusammenhang mit dem Club steht. – Also, mit dem Fußballclub.«

Wallner schaltete den Fernseher aus und schlüpfte in seine Schuhe. »Was gibt's?«, fragte er und schnappte sich Mantel und Schlüssel.

»Es gab einen Autounfall«, sagte die Stimme, nun etwas selbstbewusster. »Harry Mägerlein vom FCN ist schwer verletzt, seine Begleiterin starb auf dem Weg ins Krankenhaus.«

»Wo?«

»In Schniegling, Ecke Brettergarten-/Holsteiner Straße.«

»Ich bin unterwegs«, rief Wallner und wollte die Wohnung verlassen.

»Es gibt da noch etwas«, sagte die Frau am anderen Ende der Leitung. Sie klang sehr ernst.

Wallner blieb stehen. »Was?«

»Mägerlein fuhr Eric Rasmussens Auto.«

»Verdammt.« Wallner rannte die Treppe hinunter und stieg in seinen Wagen. »Weiß Cramer Bescheid?«, fragte er noch.

Die Beamtin bestätigte und sagte ihm, dass Cramer bereits unterwegs sei.

Auf dem Weg zum Unfallort rief er Leo an. Der sagte ihm, dass der Fußballer ins Südklinikum gebracht wurde.

Vom Unfallort war außer ein paar Glasscherben und dunklen Flecken nicht mehr viel zu sehen. Leo hatte veranlasst, dass beide Fahrzeuge von einem Abschleppdienst abgeholt und zur KT gebracht worden waren. »Mir ist da zu viel Club im Spiel«, sagte er zu Wallner.

»Beide Totalschaden«, sagte ein uniformierter Kollege zu Wallner und Leo. »Ein Wunder, dass da überhaupt einer überlebt hat.«

»Was ist mit dem anderen Fahrer?«, wollte Wallner wissen.

»Ein Geschäftsmann, der nach einem Abendessen mit Kunden zurück ins Hotel fahren wollte. Laut Alkoholtest hatte er nichts getrunken. Harry Mägerlein übrigens auch nicht.«

»Immerhin etwas«, brummte Leo.

»Der Geschäftsmann hat laut Notarzt ein schweres Schädel-Hirn-Trauma, er musste nach Erlangen gebracht werden, das Südklinikum konnte ihn nicht auch noch aufnehmen.«

»Unfallhergang?«

»Der Geschäftsmann hatte angeblich grün, der Fußballer fuhr bei Rot über die Kreuzung. Wir überprüfen das.«

»Zeugen?«

»Ein Autofahrer, der hinter dem Geschäftsmann fuhr und gerade noch ausweichen konnte. Er wurde ebenfalls ins Krankenhaus gebracht, hat einen Schock erlitten. Es muss heftig geknallt haben.«

»Wer ist die Frau?«

Der Polizist zuckte die Achseln. »Unbekannt.«

»Ich fahre ins Südklinikum«, sagte Wallner zu Leo. »Vielleicht kann ich noch mit Mägerlein sprechen, bevor sie operieren.«

Cramer nickte, und Wallner verabschiedete sich von dem Kollegen. Auf der Fahrt nach Langwasser überlegte er, ob der Unfall in irgendeiner Weise mit den Morden zusammenhängen könnte. Warum saß Harry Mägerlein in Eric Rasmussens Auto? Wer war die Frau neben ihm? Wer hatte den Notruf ausgelöst?

Wallner rief noch einmal Cramer an. »Wissen wir, wer den Notruf ausgelöst hat?«, fragte er.

Cramer wusste es nicht, sagte, er kümmere sich darum.

Im Südklinikum wies Wallner sich aus und fragte nach Harry Mägerlein. Man sagte ihm, er müsse warten, der Fußballer sei noch im Schockraum.

»Ich muss unbedingt mit ihm reden«, sagte Wallner zu dem Pfleger. »Es ist wichtig.«

»Ich seh, was ich machen kann«, kam die lakonische Antwort.

Wallner musste fast 40 Minuten warten, bevor ein Arzt zu ihm kam.

»Kann ich mit ihm reden?«, fragte er sofort.

Dr. Schuster schüttelte den Kopf. »Nein. Wir mussten ihn in ein künstliches Koma versetzen, er war zu schwer verletzt. Mehrere Arm- und Beinbrüche, schweres Schädel-Hirn-Trauma, Quetschungen im Brustbereich …«

»War er nicht angeschnallt?«

»Doch, den Quetschungen nach zu urteilen«, erwiderte der Arzt und gähnte. »Sorry, bin seit 30 Stunden auf den Beinen. Heute ist die Hölle los. Einer der Sanitäter erwähnte, dass offenbar der Airbag auf der Fahrerseite nicht reagiert hätte. Mägerlein muss mit dem Kopf aufs Lenkrad geknallt sein, anders kann ich mir die schweren Kopfverletzungen nicht erklären.«

»Wann kann ich mit ihm reden?«, wollte Wallner wissen. »Es ist wirklich wichtig«, fügte er hinzu. »Es könnte sein, dass es ein Mordversuch war«, sagte er leiser.

Dr. Schuster zuckte nur mit den Schultern. »Kann ich Ihnen nicht sagen. Ein paar Tage wird er sicher im Koma bleiben.«

»Danke«, sagte Wallner frustriert und reichte dem Arzt seine Visitenkarte. »Bitte rufen Sie sofort an, wenn er wach ist. Es ist wirklich wichtig.«

»Klar, kein Problem«, antwortete Dr. Schuster und gähnte erneut.

Wallner verabschiedete sich und wandte sich zum Gehen, als ihm noch etwas einfiel. »Wird er wieder spielen können?«, rief er dem Arzt hinterher, der den Gang entlang schlurfte.

Dr. Schuster drehte sich langsam um. »Meine ehrliche Meinung?«, fragte er. Wallner nickte. »Ich glaube nicht. Wenn, dann wäre es ein Wunder. Er kann froh sein, wenn er keine bleibenden Schäden davonträgt.«

»Danke«, sagte Wallner erneut und verließ das Krankenhaus. Bevor er in seinen Wagen stieg, rief er Cramer an, um ihn zu informieren. »Gibt's was Neues?«, fragte er dann.

»Der Fahrer wird operiert, der Zeuge behandelt. Miriam ist im Krankenhaus, um nach Möglichkeit beide zu befragen. Die Fahrzeuge sind nur noch Schrott«, sagte Cramer. Er klang müde.

Er ist auch nicht mehr der Jüngste, dachte Wallner. *Da fallen Nachteinsätze schwer.* Laut sagte er: »Was war das gegnerische Fahrzeug?«

»Ein Audi TT«, kam die Antwort. »Hat sich rentiert. Audi gegen Porsche.« Wallner hörte ein Zischen. Vermutlich zündete Cramer sich eine Zigarette an. Es war also mal wieder nichts mit dem Aufhören. Raffaella würde nicht begeistert sein.

»Wo bist du?«, fragte er.

»Im Büro.«

»Soll ich dorthin kommen?« Wallner hoffte, Cramer würde nein sagen. Er sehnte sich nach seinem Bett.

Cramer zögerte und blies laut ins Telefon. Dann fluchte er. »Ach, verdammter Mist. Dass ich das nicht lassen kann.«

Wallner grinste. Immerhin merkte er es selbst.

»Nein, es macht keinen Sinn, im Büro herumzuhängen«, sagte Leo. »Bevor die KT nicht erste Ergebnisse hat, können wir nichts unternehmen. – Fahr nach Hause und versuch, wenigstens noch ein paar Stunden Schlaf zu bekommen.« Er gähnte herzhaft. »Ich werd's jedenfalls versuchen. – Bis morgen.«

»Ja, bis morgen«, erwiderte Wallner und schaute auf die Uhr. Es war kurz nach drei. »Oder vielmehr heute«, fügte er lachend hinzu. Cramer knurrte nur. Dann sagte er: »Lass dein Handy an«, und legte auf.

»Ist doch eh klar«, murmelte Wallner. Langsam und nachdenklich fuhr er nach Hause.

****

Am nächsten Morgen fühlte er sich wie gerädert, was nach einer solchen Nacht nicht weiter verwunderlich war. Gut drei Stunden Schlaf, wovon gefühlte zwei für Träume von ermordeten Fußballspielern draufgingen. Er würde eine kalte Dusche und viel starken Kaffee brauchen.

Einigermaßen erfrischt fuhr er gegen acht ins Präsidium, wo Leo ihn bereits erwartete. »Wir gehen am besten gleich in die KT, vielleicht haben sie ja schon etwas.«

Auf dem Weg dorthin brachte Cramer ihn auf den aktuellen Stand. »Es gibt nichts Neues von den beiden Verletzten. Der Fußballer ist im Koma, wie du weißt. Miriam hat den Zeugen befragt. Er sagt, dass der Porsche ungebremst in die Kreuzung gerauscht ist. Der Fahrer vor ihm hatte keine Chance auszuweichen. Er ist nach der OP noch nicht bei Bewusstsein.«

»Wissen wir schon etwas über die Frau?«, wollte Wallner wissen.

»Der Name kam mir bekannt vor, ich weiß ihn aber grade nicht. Eventuell ist er im Zusammenhang mit der Sache Reed schon mal aufgetaucht. Marius geht dem nach.«

Sie hatten die KT erreicht und gingen in die Halle, wo die beiden Unfallwägen untersucht wurden. Wallner war erschüttert, als er den Porsche sah.

Der Wagen war auf der rechten Seite vollkommen lädiert. Kein Wunder, dass die Frau das nicht überlebt hatte. Der Audi war vorne zerknautscht, die Fahrgastzelle war aber weitestgehend instand geblieben.

»Man sollte einen Unfall immer von vorne haben«, sagte er leise.

»Der Audi ist dem Porsche stockvoll in die Seite gefahren«, stimmte Cramer zu, ebenfalls leise. »Die Frau hatte keine Chance.«

»Guten Morgen, Jungs«, rief Bobby, der Leiter der Werkstatt. Er trug seinen unvermeidlichen Blaumann.

»Morgen«, murmelte Leo. Er konnte gute Laune generell nicht leiden, aber am frühen Morgen war es das Schlimmste, was man ihm antun konnte. Bobby und Wallner grinsten sich an. »Hast du schon was?«

Bobby lachte gutmütig. »Du meinst, während du im warmen Bett liegst und von deiner rassigen Frau träumst, liege ich hier unter diesen Schrotthaufen und arbeite? Vergiss es!«

»Lass meine Frau aus dem Spiel!« Leos Stimme klang gefährlich, aber Bobby ließ sich davon nicht beeindrucken. Er kannte Cramer lange genug, um zu wissen, dass für ihn das Sprichwort galt: Hunde, die bellen, beißen nicht. Zumindest meistens nicht.

»Ich hoffe, der Sachverständige kommt bald«, sagte Bobby. »Ich habe gleich um acht beim TÜV angerufen. Sobald ich etwas weiß, melde ich mich. Das weißt du.«

»Ja, ja«, gab Leo zurück. »Wir wollten uns nur mal die Autos anschauen.«

»Na ja, ist nicht mehr viel davon übrig«, lachte Bobby. »So viel wertvollen Schrott hatte ich schon lange nicht mehr hier stehen.«

Cramer und Wallner gingen zurück in ihre Büros, wo sie bereits von Marius erwartet wurden.

»Die Frau hieß Clara Schuhmann«, sagte er und nickte, als Wallner die Stirn runzelte. »Wie die Musikerin, nur mit h. Die Eltern fanden das vielleicht witzig. Sie war 22 Jahre alt, hatte nach dem Abitur eine Ausbildung zur Bürokauffrau absolviert und arbeitete seit knapp einem Jahr bei einer Metallbaufirma im Büro. Frag mich nicht, was genau die machen, muss ich noch herausfinden.«

»Ist nicht so wichtig, vermute ich«, sagte Wallner. »Weißt du was über ihr Verhältnis zu Harry Mägerlein?«

Marius schüttelte den Kopf. »Nein, bisher nicht.« Er warf einen Blick auf seine Armbanduhr. »Sabrina ist gerade bei den Eltern.«

»Ist ihr Name schon einmal irgendwo aufgetaucht?«, wollte Leo wissen.

Marius schüttelte den Kopf. »Nicht im Zusammenhang mit den Clubvorfällen, aber auch sonst nicht.«

»Der Geschäftsmann?«, fragte Leo.

Marius konsultierte seine Notizen. »Jakob Happner, aus Düsseldorf. 34 Jahre alt, verheiratet, eine 4-jährige Tochter. Ist vorgestern mit dem ICE angekommen, übernachtete im *Maritim*, wollte heute wieder zurückfahren.« Ein weiterer Blick auf die Notizen. »Er ist selbstständig, irgendwas mit Computern, und er hatte gestern Abend ein Geschäftsessen mit zwei Kunden. Sie waren in einer Tapas-Bar in der Wetzendorfer Straße. Keine Ahnung, warum er überhaupt an dieser Kreuzung war, er hätte einfach Richtung Innenstadt fahren können.«

»Vielleicht hat er seine Kunden noch ins Hotel gebracht«, schlug Wallner vor. »Wissen wir deren Namen?«

»Noch nicht«, sagte Marius. »Auch da sind wir dran. Dürfte nicht einfach werden. Seine Frau wusste es nicht. Ich habe mit den Kollegen in Düsseldorf telefoniert. Sie schicken jemanden vorbei, der sich den Computer von Happner anschaut. Vielleicht stehen da die Termine und Namen. Sonst werden wir warten müssen, bis wir mit Happner reden können.«

»Hat schon jemand mit Rasmussen gesprochen?«, fragte Cramer.

Marius schüttelte den Kopf. »Nein, das wollten wir euch überlassen.«

»Soll ich?«, fragte Wallner. Leo nickte. »Ich fahr am besten hin«, sagte Wallner. »Dann seh ich gleich seine Reaktion.«

Während er Richtung Volbehrstraße fuhr, haderte er mit sich. Sollte er Charlotte Braun anrufen und sie über den Unfall informieren? Sie hatte mit der Sache eigentlich nichts zu tun, war eine Außenseiterin. Aber sie war zumindest in einen Fall teilweise verwickelt.

»Sie ist eine Kollegin«, sagte Wallner, während er in die Kieslingstraße einbog. Ecke Dresdener Straße war das Porsche Zentrum Nürnberg. *Ob Rasmussen hier seinen Wagen gekauft hat?*

Wallner parkte in der Volbehrstraße und wählte Brauns Nummer.

»Patrick Braun?«, meldete sich eine junge Männerstimme.

Wallner fragte nach Charlotte. »Mama?«, brüllte Patrick. »Für dich.«

»Braun?«, meldete sich kurz danach seine Mutter.

»Wallner, guten Morgen«, sagte Wallner. »Tut mir leid, wenn ich störe.«

»Sie stören nicht«, sagte Braun. »Gibt's was Neues?«

Wallner zögerte. Natürlich gab es etwas Neues, aber es war nicht das, was sie erwartete. Aber was sollte er jetzt sagen? Dass er ihre Stimme hören wollte? Lächerlich!

»Ja«, sagte er schließlich. »Leider keine guten Nachrichten.« Er berichtete kurz vom Unfall.

Er hörte an ihrer Stimme, dass sie schockiert war. »Ein neuer Anschlag?«

»Derzeit sieht es nach normalem Verkehrsunfall aus«, erwiderte Wallner. »Sofern man das als normal bezeichnen kann.«

»Sie sagten, es war Erics Wagen?«

»Ja. Ich stehe gerade vor Rasmussens Haus, um ihn dazu zu befragen.«

»Ein Anschlag auf Rasmussen?«, fragte Charlotte Braun.

»Möglich«, stimmte Wallner zu. Die Idee war ihm auch schon gekommen, auch wenn das Szenario dagegen sprach. Wer konnte sich darauf verlassen, dass der Fahrer einen Unfall baute? Wallner gab sich die Antwort selbst: Derjenige, der das Auto manipuliert hatte. Er schlug sich an die Stirn. Wieso waren sie bisher nicht darauf gekommen?

Als habe sie seine Gedanken verfolgt, fragte Braun: »Liegen die KT-Ergebnisse schon vor?«

Wallner verneinte. »Sie könnten Recht haben«, sagte er dann. »Womöglich war das Auto manipuliert.«

»Kann ich etwas tun?«, wollte Braun wissen.

»Ich fürchte nein«, gab Wallner unumwunden zu. »Leo würde mir den Kopf abreißen.«

»Das will ich nicht riskieren«, erwiderte Braun lachend. Es klang zärtlich in Wallners Ohren. Oder war es nur seine blühende Fantasie? »Halten Sie mich auf dem Laufenden?«, bat sie.

»Mach ich«, versprach er und verabschiedete sich.

Er saß noch fünf Minuten im Auto, um sich zu beruhigen. Was hatte diese Frau an sich, das ihn jedes Mal so aus der Fassung brachte? Sie war nett anzusehen, aber beileibe keine Schönheit. Sie schien keinen Wert auf ihr Äußeres zu legen, steckte immer in Jeans und Pulli. Da war Dorothea ganz anders. Sie ging nie aus dem Haus, ohne Make-up zu tragen. Vielleicht war es ja dieser Kontrast, der ihn anzog?

Er stieg aus und klingelte bei Eric Rasmussen. Die Spuren des Anschlags waren fast beseitigt. Die Wohnungstür war neu, die Wände frisch gestrichen, es roch noch leicht nach Farbe. Wo vorher ein Schränkchen gestanden hatte, war jetzt nichts mehr. Aber das sah nur, wer den Tatort kannte. Wallner informierte Eric Rasmussen so knapp wie möglich über den Unfall. Dennoch war der Fußballer erschüttert.

»Wie geht es Harry? Kann ich ihn besuchen? Wo liegt er?«

Wallner gab ihm die entsprechenden Antworten. Rasmussens Fassungslosigkeit wirkte echt auf ihn.

»Wissen Sie etwas über den gestrigen Abend?«

Eric schüttelte den Kopf. »Warum hab ich ihm bloß den Porsche gegeben? Was ist nur in mich gefahren?«, stammelte er.

Wallner wiederholte seine Frage.

»Nein«, sagte Eric. »Das heißt, etwas. Harry hatte das Mädchen in einer Disco kennen gelernt. Ich weiß nicht, in welcher. Es war wohl Liebe auf den ersten Blick, bei beiden.« Rasmussen schüttelte traurig den Kopf. »Sie ist wirklich tot?«

Wallner nickte.

»Was für ein Unglück. Tot nach dem ersten Date.« Er ging zur Schrankwand, öffnete die Bar und goss sich eine braune Flüssigkeit in ein Glas. »Sie auch?«, fragte er Wallner. Der verneinte. »Sorry, ich brauch das jetzt, das ist ein echter Schock.«

Wallner fragte sich, warum Rasmussen jetzt mehr schockiert war als beim Tod seiner Freundin? Steckte er doch hinter dem Mord an ihr?

»Harry kam zu mir, wollte einen Rat für's erste Date. Er ist ja grade mal 19!« Eric schüttelte wieder den Kopf, als könne er das alles nicht fassen. »Vorgestern, auf der Heimfahrt von Freiburg, fragte er, ob er mein Auto haben könnte. Ich hab natürlich ja gesagt. Er wollte der Kleinen imponieren.«

»Er hat konkret nach dem Porsche gefragt?«, fragte Wallner nach.

Eric nickte, stutzte dann. »Jetzt, wo Sie es sagen … Er meinte, er habe kein Auto beziehungsweise nur ein altes. Er fährt, glaube ich, das seiner Mutter.« Er dachte nach. »Nein, er hat nicht danach gefragt. Ich hab ihm den Porsche angeboten.« Plötzlich schien ihm etwas einzufallen. »Sie wollen doch nicht etwa sagen, ich hätte was an dem Wagen gedreht?«

Wallner starrte ihn ausdruckslos an. »Haben Sie?«

Eric starrte eine Weile zurück, als könne er es nicht glauben. Dann stellte er das Glas so sanft auf den Glastisch, als fürchte er, es sonst zu zerbrechen.

»Nein, habe ich nicht. Wir haben noch eine kleine Probefahrt gemacht, Harry und ich, gestern Mittag. Ich wollte ihn mit dem Wagen vertraut machen. Hätte ich was manipuliert, wäre ich ja mit hopps gegangen.« Er grinste böse. »Glauben Sie mir, ich hänge an meinem Leben. – Und an dem Porsche.«

»Wie lange hat die Probefahrt gedauert?«

Eric zuckte die Achseln. »Keine Ahnung. Vielleicht 20 Minuten?« Er dachte kurz nach, nickte dann und sagte: »Ja, circa 20 Minuten.«

»Und dann?«

»Dann fuhr Harry mit dem Wagen weg und ich bin in die Wohnung zurück. Ich habe den Wagen seither nicht mehr gesehen.« Er nahm das Glas und ging zurück zur Bar. Dort griff er nach der Flasche mit der braunen

Flüssigkeit, entstöpselte sie, überlegte es sich jedoch anders und stellte Flasche und Glas in den Schrank. Langsam drehte er sich um. Sein Gesicht war blass.

»Hatte es jemand auf mich abgesehen?«, fragte er leise.

XV

Charlotte wusste nicht, was sie denken oder fühlen sollte. Gab es nur noch negative Nachrichten? Erst der Anschlag auf Dana, den sie hätte verhindern können, wäre sie nur rechtzeitig da gewesen. Dann der Mord an dem Schiedsrichter, jetzt der schwere Autounfall, bei dem der junge Fußballer schwer verletzt wurde und seine Freundin getötet. Und zu allem Übel auch noch Ärger mit Patrick.

Er hatte ihr am Morgen gestanden, für die letzten beiden Schulaufgaben jeweils eine Fünf erhalten zu haben.

»Warum hast du mir nichts gesagt?«, hatte sie gefragt. Natürlich wollte sie, dass er gut war in der Schule, aber sie hatte ihm wegen einer schlechten Note noch nie den Kopf abgerissen. Vertraute er ihr nicht mehr? Sie hatte versucht, mit ihm zu reden, doch er war einfach aufgestanden und gegangen. Immerhin hatte er nicht mit der Tür geknallt.

Charlotte räumte das Frühstücksgeschirr weg und nahm sich zum wiederholten Male vor, in der Schule anzurufen. War nicht ein Zweck des Umzugs gewesen, Ordnung in ihrer beider Leben zu bringen? Charlotte lachte bitter. Das war bisher gründlich misslungen. In zehn Tagen lief ihr Vertrag mit Miller aus und er machte bisher keine Anstalten, ihn verlängern zu wollen.

Zurück zur Kripo? Charlotte dachte an den cholerischen Cramer. Niemals! Dann lieber ein Job im Archiv.

Das Telefon klingelte. Charlotte wollte es erst ignorieren, dachte dann aber, es könnte ja Miller mit einem neuen Auftrag sein.

»Charly?« Die Stimme klang verschwommen.

»Eric?«, fragte Charlotte. War er etwa betrunken? Sie blickte zur Uhr. Es war kurz nach elf.

»Charly, komm bitte«, lallte Rasmussen. »Mir geht's nicht gut.«

»Eric, hast du getrunken?«, fragte Charlotte, während sie ihre Sachen zusammensuchte. Es war eine blöde Frage. Natürlich hatte er getrunken. Harry war in seinem Wagen verunglückt, womöglich hatte ihm jemand nach dem Leben getrachtet und der junge Mann war nur das falsche Opfer. Wenn das kein Grund zum Trinken war, was dann? Wo war ihr verdammter Geldbeutel? »Ich bin in 20 Minuten da, Eric. Hast du gehört? Eric?«

Charlotte lauschte, doch es war nichts zu hören. War er bewusstlos geworden? »Eric?«, brüllte sie ins Telefon.

»Ja, ja, bin da«, stammelte er.

Charlotte seufzte vor Erleichterung. »Bleib, wo du bist, ich bin sofort bei dir«, sagte sie. »Hörst du?«

»Ja«, sagte Eric und legte auf.

Charlotte nahm ein Taxi. Die Kosten würde Eric übernehmen müssen. »Volbehrstraße 7«, sagte sie zum Fahrer. »So schnell wie möglich.«

Die Fahrt dauerte knapp 15 Minuten. Charlotte zahlte, stieg aus und rannte zu Erics Haus. Sie klingelte, aber niemand machte auf. Voller Panik nahm sie den Schlüssel, den sie immer noch hatte, schloss die Haustür auf und stürmte nach oben in den ersten Stock. Die Wohnungstür war zu, aber nicht abgeschlossen, Eric musste also noch irgendwo sein.

»Eric?«, rief Charlotte und lief durch die ganze Wohnung. Im Schlafzimmer herrschte eine grauenvolle Unordnung, im Bad lagen nasse Handtücher auf dem Boden, die Dusche war noch feucht, doch von Eric keine Spur. »Wo steckst du, verdammt noch mal?«, schimpfte Charlotte und wählte seine Handynummer. Es meldete sich die Mailbox.

»Eric, du verdammter Idiot, was machst du nur?« Erschöpft ließ Charlotte sich auf das Sofa fallen. Auf dem Glastisch standen eine fast leere Flasche und ein benutztes Glas. Sie roch an der Flasche und verzog das Gesicht. Whisky.

Zehn Minuten lang probierte sie Erics Handy, hinterließ Nachrichten auf seiner Mailbox. Als sie Geräusche im Hausflur hörte, rannte sie zur Wohnungstür und riss sie auf, bereit, den Fußballer mit einem Donnerwetter zu begrüßen. Stattdessen stand die alte Frau Friedrich vom Erdgeschoss vor ihr.

»Entschuldigung«, sagte sie. »Ich habe Gepolter gehört und wollte nach dem Rechten sehen. Wo doch der Herr Rasmussen vorhin weggegangen ist.«

Charlotte hätte die alte Dame am liebsten umarmt. »Tut mir leid, wenn ich laut war«, sagte sie, »aber ich hatte mir Sorgen um Herrn Rasmussen gemacht. Er hatte mich angerufen und klang gar nicht gut.«

Frau Friedrich nickte wissend. »Kein Wunder, bei diesem Schicksalsschlag.«

»Sie wissen nicht zufällig, wo er hingegangen ist?«, fragte Charlotte.

»Er trug Sportsachen«, erwiderte die Nachbarin. »Ich vermute, er ist laufen gegangen.«

Ein Hoch auf neugierige Nachbarn, dachte Charlotte. *Was täten wir ohne sie?* »Wunderbar, dann ist ja alles klar«, sagte sie laut. »Dann muss ich mir keine Gedanken machen. Einen schönen Tag noch«, wünschte sie und schloss die Tür. Sie wartete, bis sie Frau Friedrichs Tür klappen hörte. Manchmal konnten Nachbarn auch zu neugierig sein.

Charlotte beschloss, sich während Erics Abwesenheit nützlich zu machen und aufzuräumen. Versonnen schaute sie auf die Fotos von Dana, die im Flur hingen. Was hatte sie und Eric zusammengehalten? Sie hatte vor einigen Tagen auch Eric gegoogelt. Er war mindestens zehn Jahre älter als Dana, bereits zweimal geschieden, jedes Mal wegen einer Affäre. Er galt als umgänglicher Typ, jeder mochte ihn, weil er immer guter Laune war. Er mochte vor allem Frauen. Seit seinem Wechsel zum Club vor drei Jahren hatte er vier Beziehungen, bevor er Dana kennenlernte. Sie waren seit gut einem Jahr ein Paar. In der Klatschpresse stand, dass Dana gerne heiraten würde, Eric aber nicht noch mal eine Ehe eingehen wollte. Wer konnte es ihm verdenken?

Dennoch – auch wenn das Paar häufiger gestritten hatte, hatte Charlotte doch immer den Eindruck gehabt, dass die beiden sich liebten.

Hatte Eric die Drohbriefe geschrieben, um sich wichtig zu machen? Patrick hatte ihr erzählt, dass es häufiger zwischen Timo Hartmann und Eric gekracht hätte. Eric hätte deswegen häufiger auf der Ersatzbank gesessen. Bei den letzten Spielen sei er nur dank Hartmanns Unpässlichkeit zum Einsatz gekommen.

»Und dann ist da natürlich noch Harry«, hatte Patrick erklärt. »Der stiehlt den beiden immer mehr die Show.«

Charlotte stutzte. Harry war ganz klar ein gefährlicher Konkurrent. Patrick hatte immer wieder erwähnt, welch große Stücke sein Freund Schorsch auf den jungen Harry Mägerlein hielt. Und der war ein Experte in Sachen Fußball.

Charlotte setzte sich auf die Treppe und dachte nach. Hatte Eric seinen Wagen manipuliert, um Harry aus dem Weg zu räumen? Es war ein ungeheuerlicher Verdacht, und sie war entsetzt, dass sie ihn überhaupt hatte. Dennoch – sie musste zugeben, dass es Sinn machte.

Aber auch Timo Hartmann hätte ein Motiv gehabt, Harry aus dem Weg zu räumen. Ein viel stärkeres sogar als Eric. Ihm traute sie einen Mord eher zu als Eric.

Charlotte stand auf und ging nach oben. Sie wollte zumindest in Bad und Schlafzimmer Ordnung schaffen. Auf dem Weg dorthin streifte ihr Blick Danas Ankleidezimmer, wo der Wandschrank mit den Schuhen stand. Sie schüttelte den Kopf. Wie konnte man so viele Schuhe besitzen?

Sie ging daran vorbei, stoppte, konnte der Versuchung nicht widerstehen. Nur ein Blick …

Fasziniert starrte Charlotte auf die vielen Schachteln. Was hatte Dana gesagt? Zirka 200 Paar? In diesem Schrank steckte ein Vermögen! Sie sollte Eric dazu überreden, die Schuhe für einen guten Zweck zu versteigern. *Mein Geldbeutel wäre auch ein guter Zweck*, dachte Charlotte ironisch.

Dana hatte ihr mehrmals angeboten, sich ein Paar auszusuchen, doch Charlotte hatte immer abgelehnt. Sie beschloss, dies jetzt nachzuholen. Sie würde sie im Gedenken an das Model tragen. Sie ließ ihren Blick von links nach rechts wandern. Links die weißen, rechts die schwarzen, dazwischen der Rest.

Charlotte griff nach einer Schachtel. Sie hatte ein bestimmtes Paar Sandalen im Kopf, deren Absätze nicht gar so mörderisch hoch waren. Zuerst erwischte sie rote Lackschuhe, dann Highheels, die vor allem aus den Heels bestanden, schließlich grüne Ballerinas mit lilafarbenen Punkten.

»Igitt«, sagte Charlotte und schob die Schachtel zurück an ihren Platz. Wer gab Geld aus für solch eine Scheußlichkeit? »Irgendwo müssen diese Dinger doch sein«, murmelte sie und nahm die nächste Schachtel heraus. Sie war leichter als die anderen. Als Charlotte sie öffnete, starrte sie sekundenlang auf den Inhalt. In dem Karton befanden sich jede Menge Briefe. Sie wollte ihn zurück in den Schrank stellen, folgte dann einem Instinkt, trug ihn zum Bett und kippte den Inhalt darauf. Neben den Briefen waren auch jede Menge Zeitungsausschnitte in der Schachtel gewesen.

Charlotte nahm vorsichtig einen Briefumschlag in die Hand. Er war an Dana adressiert, trug aber keinen Absender. Behutsam zog sie den Zettel aus dem Umschlag. Es war ein Erpresserbrief, ähnlich den Nachrichten, die in den letzten Monaten aufgetaucht waren, ohne Datum, Anrede und Unterschrift, allerdings mit dem Computer geschrieben.

Wenn du nicht bald zahlst, sage ich die Wahrheit, stand im ersten. Charlotte zog weitere Briefe aus ihren Umschlägen, legte sie neben den ersten. *Ich widerrufe meine Aussage, wenn du nicht bald zahlst*, stand in anderen. Worauf bezog sich der Erpresser?

Charlotte legte die Briefe zur Seite und nahm sich die Zeitungsausschnitte vor. Sie handelten ausschließlich von dem Anschlag auf Danas Kollegin im Jahr 2003. Eine dunkel gekleidete Gestalt mit Kapuze und Sonnenbrille war in die Umkleide eingedrungen und hatte eine Flasche mit ätzender Flüssigkeit auf das Opfer geworfen. Die Polizei war immer davon ausgegangen, dass es eine Attacke unter Konkurrentinnen war; nicht nur die Methode sprach für eine Frau. Mehrere Zeugen hatten unabhängig voneinander ausgesagt, dass der Täter den typischen Laufsteggang hatte. Doch alle Models hatten ein Alibi.

In manchen Artikeln waren Zeilen farbig markiert, in denen Dana namentlich erwähnt war; für die Polizei war sie eindeutig die Hauptverdächtige gewesen. Doch ein namentlich nicht genannter Mann hatte bestätigt, dass er zur Tatzeit mit ihr zusammen war. Charlotte nahm sich noch einmal die Briefe vor. Kamen sie von dem Mann, der ihr damals das Alibi verschafft hatte? So würden die Drohungen Sinn machen.

Hatte Dana jemals gezahlt? Ob Eric davon wusste? Vermutlich nicht.

Charlotte steckte die Briefe vorsichtig zurück in die Umschläge. Dabei fiel ihr ein Umschlag auf, der anders aussah als die anderen. Neugierig zog sie ihn aus dem Stapel. Er war an das damalige Opfer adressiert, hinten war Danas Name und eine Nürnberger Adresse aufgedruckt. Charlotte zog auch diesen Brief heraus. Im Gegensatz zu den anderen war er mit der Hand geschrieben. Charlotte war sich sicher, dass es Danas Handschrift war.

Liebe Rieke,
es tut mir so leid. Ich war jung und dumm und habe einfach nicht gewusst, was ich tat. Ich wollte dich niemals so schwer verletzen, wollte dich nur als Konkurrentin ausschalten. Ich hoffe, du kannst mir jemals verzeihen.

Dana

Charlotte schluckte. Das war ein eindeutiges Schuldeingeständnis. Der Brief war vom Mai 2005 und offenbar niemals abgeschickt worden. Außer, dies war ein Duplikat. Aber Charlotte glaubte nicht daran, er hätte sicher Konsequenzen für Dana gehabt.

Sie musste mit Wallner telefonieren. Sie musste vor allem raus aus der Wohnung, bevor Eric zurückkam. Er durfte diese Briefe keinesfalls sehen.

Hastig, dennoch achtsam schob Charlotte die Briefe und Ausschnitte zusammen und legte sie zurück in den Karton. Ein Blick auf den Schuhschrank zeigte ihr, dass es keine Lücke gab. Dana hätte vielleicht gesehen, dass ein Karton fehlte, Eric würde den Schrank sicher nicht mal öffnen.

Charlotte rannte die Treppe hinunter, schrieb einen Zettel für Eric:

Wo warst du? Ruf mich an, damit ich weiß, dass es dir gut geht. Konnte nicht länger warten. Gruß Charly

Sie steckte den Karton in eine Plastiktüte vom Supermarkt und verließ die Wohnung. Auf dem Weg zum Bus rief sie Wallner an. Als er sich meldete, sagte sie: »Können wir uns treffen? Ich habe was für Sie.«

Sie verabredeten sich für 18 Uhr vor dem Präsidium.

****

Als sie ankam, stand Wallner da und las in einer Boulevardzeitung. Charlotte zögerte. Er war nicht der Mann, der ihr Herzklopfen verursachte, dennoch hatte er etwas, was sie verunsicherte. Er war nur knapp größer als sie, verlor die ersten Haare und trug – als Ausgleich? – einen Kinnbart. Sie hasste Männer mit Bart. Dennoch war da etwas, was sie an Wallner anzog. Aber natürlich hatte sie bereits beim ersten Aufeinandertreffen den Ehering gesehen.

»Finger weg, Charly«, murmelte sie und lief zu ihm hin. »Hallo, da bin ich.«

»Sollen wir eine Kleinigkeit essen gehen?«, fragte Wallner.

Ihr wäre es lieber gewesen, sie wären in sein Büro gegangen, denn dort konnte sie vor allzu neugierigen Blicken sicher sein. Dennoch nickte Charlotte. Sie hatte mittags nur eine belegte Semmel hinuntergeschlungen und hatte Hunger. Auch hier war noch keine Normalität eingekehrt.

»Wir müssen ein Stückchen gehen«, sagte Wallner. Er führte sie durch die Breite Gasse und die Pfannenschmiedgasse zu einem Italiener in der Luitpoldstraße. »Der Wirt kennt mich und gibt uns einen abgelegenen Tisch.«

Charlotte nickte zufrieden. Wallner war eben ein Profi. Sie bestellten Weißwein, Wasser und Pasta.

»Was haben Sie für mich?«, wollte Wallner wissen.

Charlotte reichte ihm den Karton. Als er ihn öffnete und den Inhalt durchsah, stieß er einen Pfiff aus. »Woher haben Sie das?«

Charlotte berichtete von ihrem überraschenden Fund und hielt auch ihre Schlussfolgerungen nicht zurück: »Ich vermute, Sie wissen von dem Säureanschlag 2003?« Als Wallner nickte, fuhr sie fort: »Es klingt alles nach dem Mann, der Dana damals ein Alibi gegeben hat. – Vielleicht ist er ja auch der Schreiber der neuen Drohbriefe und der Absender der Bombe.«

Wallner nickte. »Das wirft ein neues Licht auf den Fall«, stimmte er zu. »Ich kümmere mich sofort darum.«

Das Essen kam und für ein paar Minuten schwiegen sie und konzentrierten sich auf ihre Pasta. Schließlich sagte Wallner: »Ich habe ebenfalls Neuigkeiten. Keine guten, fürchte ich.«

Charlotte schaute ihn erwartungsvoll an.

»Der Porsche war manipuliert«, sagte er. »Es ist kompliziert, ich kenne mich mit Autos nicht aus. Der Sachverständige sagt, zwei Entlüfterventile der Bremsleitung waren offen. Es handelt sich jeweils nur um eine halbe Umdrehung, aber die reicht. Bei jedem Bremsvorgang verliert der Wagen Flüssigkeit, irgendwann ist nicht mehr genug da, die Bremse funktioniert nicht mehr.«

»Soll heißen?«, fragte Charlotte vorsichtig, obwohl ihr sofort klar war, was das bedeuten musste: Eric war der Hauptverdächtige. Er hatte sich tatsächlich kurz nach Mittag gemeldet und sich entschuldigt. Er hatte nach dem ersten Anruf bei ihr eine kalte Dusche genommen, um wieder einigermaßen nüchtern zu werden; den Rest des Alkohols hatte er durch stundenlanges Laufen vertrieben.

»Cramer ist gerade auf dem Weg zu Eric Rasmussen, um ihn festzunehmen.«

Charlotte schüttelte den Kopf. »Er war es nicht. Er ist kein Mörder.«

»Vermutlich wollte er nicht, dass so ein schwerer Unfall passiert«, warf Wallner sanft ein. »Er hat vielleicht damit gerechnet, dass irgendwann die Bremsen versagen und der Wagen irgendwo dagegen rollt. Er konnte doch nicht ahnen, dass die beiden nachts noch eine Spritztour machen wollten.« Charlotte schaute ihn fragend an. »Wir vermuten, dass die beiden auf dem Weg Richtung Autobahn waren«, erklärte Wallner. »Ich hätte es jedenfalls gemacht, an Mägerleins Stelle. Wenn schon imponieren, dann richtig.« Er grinste schief.

»Was hätte Eric denn davon?«, fragte Charlotte, obwohl sie es ja bereits wusste.

»Er schaltet einen Konkurrenten aus«, erwiderte Wallner folgerichtig.

»Aber sein Platz im Team ist nicht gefährdet«, widersprach Charlotte. Doch dann fiel ihr ein, was Eric zu ihr gesagt hatte: »Wenn der Club absteigt, bin ich weg vom Fenster.« War das wirklich ein Motiv für ein manipuliertes Auto? Sie seufzte. »Ich weiß nicht«, sagte sie. »Ich kann es mir beim besten Willen nicht vorstellen.«

»Sie kennen ihn besser als wir«, antwortete Wallner. »Aber er ist der einzige, der wusste, dass Mägerlein mit seinem Wagen unterwegs war.«

XVI

Charlotte runzelte die Stirn. In Patricks Zimmer brannte Licht, aber er reagierte nicht auf ihr Klingeln. Hatte er wieder die Kopfhörer übergestülpt und hörte laute Musik? Er wusste, dass sie das nicht mochte, er sollte sich nicht die Ohren kaputt machen.

Als sie das Haus betrat, kam ihr Marita Betzold mit zwei Mülltüten entgegen.

»Hallo Charlodde, dich hab ich ja a Ewichkeid ned gseng«, sagte sie in ihrem breiten Fränkisch.

»Hallo Marita«, erwiderte Charlotte und verkniff sich ein Grinsen. An diesen Dialekt würde sie sich wohl nie gewöhnen. »Ja, ich war viel unterwegs. Der Job …«, fügte sie bedeutungsschwanger hinzu. Ihre Vermieterin musste ja nicht unbedingt wissen, dass sie in einer Woche kein Einkommen mehr haben würde.

»Magsd vielleichd einen Kaffee?«, wollte Marita wissen.

Charlotte schüttelte den Kopf. »Danke, aber heute nicht. Ich habe Patrick versprochen, den Abend heute mal mit ihm zu verbringen.«

»Is scho in Ordnung«, gab Marita zurück und hob die Tüten hoch. »Wo kummd bloß der ganze Dreeg her?«, fragte sie und ging Richtung Hinterhof, wo die Mülltonnen standen.

Charlotte wünschte ihr einen schönen Abend und lief nach oben. Bevor sie aufschloss, lauschte sie kurz an der Tür, doch es war nichts zu hören. Mit den Kopfhörern lag sie sicher richtig.

»Patrick?«, rief sie, als sie die Wohnung betrat.

»Mama?«

Patricks Stimme klang sehr eigenartig. Sie lief in sein Zimmer. »Was ist los? Bist du kra …?« Das Wort blieb ihr im Halse stecken, denn auf Patricks Bett saß Eric Rasmussen. »Was machst du denn hier?«, wollte sie wissen.

Eric war aufgesprungen und stand wie ein Schuljunge vor ihr, der etwas ausgefressen hatte. Hatte er ja auch in gewisser Weise …

»Ich dachte, sie hätten dich … Du bist doch nicht etwa …?«, stammelte Charlotte.

Eric nickte. »Du weißt es also.« Er schien sich nicht darüber zu wundern.

»Ich habe Panik geschoben, als plötzlich die Bull…, die Polizei vor meiner Tür stand. Ich hab sie zufällig vom Küchenfenster aus gesehen«, sagte er. »Mir war klar geworden, dass sie mich verdächtigen würden. Immerhin war es mein Wagen.« Er sah Charlotte durchdringend an. »Ich war's nicht«, sagte er dann.

»Sag das der Polizei«, erwiderte Charlotte. »Wenn du wirklich unschuldig bist, dann glauben sie dir das auch.«

Eric starrte sie an. »Das klingt, als hieltest du mich für schuldig«, sagte er leise.

Charlotte zögerte. Sie wusste nicht, was sie denken sollte. Ihr Instinkt sagte ihr, dass der Fußballer unschuldig war; aber Wallner hatte sehr überzeugend geklungen.

Eric trat einen Schritt auf sie zu. »Charly«, sagte er leise. »Du kennst mich. Ich könnte so etwas niemals tun.«

Charlotte war nahe daran, bestätigend zu nicken. Sie wandte sich ab und ging in die Küche. »Ich brauch jetzt erst mal was zur Stärkung«, sagte sie. Sie holte zwei Gläser aus dem Küchenschrank.

»Patrick, holst du bitte mal den Grappa?«

»Nur, wenn ich auch einen bekomme«, erwiderte ihr Sohn.

Charlotte seufzte. Aber sie hatte keine Lust, sich auch noch mit Patrick herumzustreiten, und sagte deshalb nur: »Meinetwegen.« Sie nahm ein drittes Glas aus dem Schrank und stellte es neben die beiden anderen auf den Tisch.

Patrick reichte ihr die Flasche, sie schenkte ein und schob den beiden Männern je ein Glas zu. Ihr eigenes hob sie hoch und sagte ironisch: »Na dann, cheers.«

Eric kippte den Inhalt seines Glases auf einmal hinunter, während Patrick erst einmal daran roch und das Gesicht verzog. Aber natürlich wollte er sich keine Blöße geben; vorsichtig nippte er an dem Schnaps und unterdrückte nur mit Mühe einen Hustenanfall.

Geschieht ihm recht, dachte Charlotte. Dann wandte sie sich Eric zu.

»Ich denke, du weißt, dass es nicht gut aussieht für dich. Wenn ich dir helfen soll, muss ich alles wissen. Und alles heißt alles, egal, was es ist.«

»Ich war's wirklich nicht«, wiederholte Eric. »Egal, was sie mir vorwerfen. Ich könnte Harry niemals etwas antun.«

Charlotte fragte sich, ob sie ihm von der Manipulation an seinem Wagen berichten sollte, entschied sich vorerst dagegen. Wenn Eric seine Finger mit im Spiel hatte, würde er sich früher oder später verraten. Sie wollte nicht diejenige sein, die ihm den entscheidenden Hinweis gesteckt hatte.

»Harry war dein Konkurrent«, sagte Charlotte. »Du hättest ein gutes Motiv.«

»Das ist doch lächerlich!«, schnaubte Eric. »Wenn ich jeden ausschalten wollte, der Konkurrent ist, hätte ich was zu tun. Dann könntest du den Fußball in Deutschland gleich abschaffen.«

»Du bist Anfang 30, Harry Mägerlein noch nicht mal 20. Du bist mit deiner Karriere am Ende, er steht am Anfang«, warf Charlotte ein.

»Klar«, stimmte Eric zu. »Ich mache, wenn's gut läuft, noch ein paar Jahre, dann gehe ich in Rente. Harry hat eine steile Karriere vor sich, dagegen gibt es nichts zu sagen.«

»Du hattest Angst, er würde dir den Platz im Team wegnehmen.«

»Blödsinn! Er ist noch viel zu unerfahren, um auf Dauer einen Platz im Team zu erhalten. Es gehört etwas mehr dazu, Stammspieler zu werden, als nur gute Tore zu schießen«, sagte Eric selbstbewusst. Nachdenklich schaute er Charlotte an. »Du klingst wie ein Bulle beim Verhör.«

»Ich bin Bulle«, erinnerte Charlotte ihn, »und außerdem würde ein Verhör in etwa so ablaufen.« Sie beugte sich vor: »Ich will einfach nur die Wahrheit herausfinden. Das machen Bullen so.«

Eric grinste unsicher. »Sorry, ich wollte dich nicht beleidigen.«

Charlotte wischte es mit einer Handbewegung weg. »Kein Problem, ich bin es gewohnt. – Harry war also keine Konkurrenz für dich?«, hakte sie nach.

»*Er* nicht«, erwiderte Eric und bereute es im selben Moment.

Charlotte ging sofort darauf ein. »Was soll das heißen? Wer war dein Konkurrent?« Sie wusste die Antwort bereits.

Eric seufzte. »Wenn du es unbedingt wissen willst: Timo Hartmann macht mir viel mehr Sorgen als Harry. Timo ist nur ein paar Jahre älter als ich, er ist der Kapitän, er ist immer noch verdammt gut.«

»Und?« Charlotte schaute ihn erwartungsvoll an.

Eric druckste herum, suchte nach Worten. »Ich …, ich habe ihm ein paar Mal ein harmloses Abführmittel in den Tee getan«, sagte er schließlich. Er schüttelte den Kopf. »Ich kann es selbst kaum glauben, dass ich das gemacht habe, aber er ging mir sowas von auf die Nerven!« Er klang jetzt wütend. »Ständig hielt er uns vor, dass er der Kapitän sei und deshalb das Sagen habe. Außerdem hat er mich zweimal beim Trainer verpfiffen. – Das macht man einfach nicht, wenn man im selben Team ist«, sagte Eric.

»Weswegen hat er dich verpfiffen?«

Eric zuckte die Achseln. »Frauengeschichten«, murmelte er. Er schenkte sich Grappa nach und leerte auch dieses Glas auf einen Zug. Charlotte sah Patricks angewiderte Miene und verkniff sich ein Lachen.

»Ging es um die Affäre im letzten Herbst?«, wollte sie wissen.

»Auch«, sagte Eric. Er richtete sich auf. »Timo war doch nur neidisch, weil ihm die Frauen nicht so zuflogen«, rief er empört.

Charlotte hätte ihn am liebsten geschlagen. Dieser eingebildete Affe!

»Wieso hast du nicht mit Dana Schluss gemacht, wenn du ständig was mit anderen Frauen hattest?«, fragte sie böse.

Eric sah sie verwundert an. »Was hat das denn mit Dana zu tun?«, wollte er allen Ernstes wissen.

Charlotte schnappte empört nach Luft. Allein wegen dieser Frage hätte sie ihn gerne bei der Polizei gesehen – und sei es nur für ein paar Stunden. Sie musste sich eingestehen, dass sie Eric falsch eingeschätzt hatte.

»Dana hat gewusst, dass die Affären mir nichts bedeuten«, beteuerte Eric.

»Hat sie das gesagt?« Charlotte hörte den aggressiven Klang ihrer Stimme, aber es war ihr egal. Ihr war klar, dass sie nicht nur wegen des toten Models sauer war, sondern ein Stück weit auch wegen der Sache mit Jacob. Sie schob den Gedanken weit von sich. An den wollte sie sich jetzt als allerletztes erinnern!

Eric schüttelte den Kopf. »Dana ist …, Dana war nicht der Typ Frau, die wegen jeder Kleinigkeit einen Streit vom Zaun brach.« Er wischte sich kurz über die Augen. »Ich kann es immer noch nicht fassen, dass sie tot ist«, sagte er kläglich.

Charlotte nickte nur. Es ging ihr genauso.

»Du hast Timo echt ein Abführmittel in den Tee geschüttet?«, schaltete sich plötzlich Patrick ein, der die ganze Zeit nur schweigend da gesessen war.

Eric wandte sich ihm zu. »Du kannst mir glauben, ich bin nicht besonders stolz darauf«, sagte er.

»Aber wie soll das gehen?«, fragte Patrick. »Bei der Führung haben sie uns erzählt, dass in der Umkleide alles vom Zeugwart vorbereitet wird, auch die Getränke.«

Eric lachte. »Ja, das stimmt im Prinzip auch. Aber wir Fußballer haben eben alle so unsere Marotten. Und Timo hatte da diesen Tick mit seiner persönlichen Thermoskanne.« Er schüttelte den Kopf, als wolle er es selbst nicht glauben. »Es war wirklich ein Kinderspiel.« Er schaute von Patrick zu Charlotte und wieder zurück. »Ihr müsst mir glauben: Das ist alles, was ich ›verbrochen‹ habe. Ich habe mit dem Unfall nichts zu tun.«

»Was ist mit der Bombe?«, fragte Charlotte.

Eric starrte sie fragend an. »Welche Bombe?«, wollte er wissen. »Die

Paketbombe?« Er sprang auf. »Du willst doch nicht etwa sagen, dass ich …«

»Setz dich«, sagte Charlotte scharf. Er gehorchte. »Ich meinte die Bombe im Stadion«, sagte sie.

»Ach die.« Eric grinste erleichtert. »Das kann ich nicht gewesen sein.«

»Stimmt«, mischte Patrick sich wieder ein. »Da ist er doch im Hotel.« Er sah sie tadelnd an, als müsse man so etwas wissen.

»Die Mannschaft fährt am Vortag des Spiels in das Mannschaftshotel und bleibt dort bis einen Tag nach dem Spiel«, erklärte Eric. »Hier in Nürnberg ist das Hotel in der Nähe von Erlangen. Wie hätte ich da zum Stadion kommen sollen? Wir fahren gemeinsam mit dem Bus hin.«

»Es soll Taxen gaben«, erwiderte Charlotte trocken, aber sie glaubte sowieso nicht, dass Eric mit der Bombe im Stadion etwas zu tun hatte. Dazu war er doch zu sehr Fußballer, als dass er mitten im Kampf gegen den Abstieg so eine Irritation hervorrufen würde.

Eric sagte lange nichts. Charlotte nahm vorsichtshalber die Grappa-Flasche weg, doch er schien es nicht einmal zu merken. Dann fiel ihm etwas ein.

»Woher wusstest du eigentlich, dass die Polizei bei mir war?«, fragte er.

Charlotte berichtete ihm kurz von ihrem Treffen mit Wallner, ohne ihm den Grund zu nennen. Auch das war etwas, womit sie Eric womöglich half.

»Und jetzt?«, wollte er von ihr wissen.

Charlotte zuckte die Achseln. »Das Vernünftigste wäre, du würdest dich der Polizei stellen.« Sie dachte kurz nach. »Hast du einen Anwalt?«

Eric nickte. »Selbst nicht, aber der Club hat einen.«

»Es ist egal, wo er herkommt, die Hauptsache, er ist Anwalt und kennt sich einigermaßen aus«, antwortete Charlotte. »Du solltest ihn anrufen und ihn fragen, was du tun sollst. Ich schätze, er wird dir raten, dich zu stellen.«

Eric war nicht begeistert über den Vorschlag. »Muss das wirklich sein?«, wollte er wissen. »Reicht es nicht, wenn der Anwalt ihnen das sagt?«

Charlotte schüttelte den Kopf. »Nein, das kannst nur du aufklären. Allein dein Fluchtversuch macht dich verdächtig«, sagte sie. Sie legte eine Hand auf seinen Arm. »Du musst zugeben, dass es sehr danach aussieht, als seist du das mit Harrys Unfall gewesen. Du profitierst in gewisser Weise davon, es war dein Wagen.«

»Was ist denn eigentlich genau passiert?«, wollte Eric plötzlich wissen. »Wieso suchen sie denn jetzt auf einmal einen Täter?« Dann beantwortete er sich die Frage gleich selbst: »Es war kein normaler Unfall, stimmt's? Mit dem Wagen war was nicht in Ordnung.«

Charlotte schwieg, aber das war Eric genug. »Der Wagen war manipuliert.« Er lachte. »Ich kann das gar nicht gewesen sein«, rief er. »Ich kenne mich absolut nicht mit Autos aus. Und der Wagen hat mich zu viel Geld gekostet, als dass ich ihn einfach zu Schrott fahren lassen würde.«

»Davon wirst du die Polizei überzeugen müssen«, erwiderte Charlotte.

»Wirst du mir dabei helfen?«, fragte Eric.

»Das wird nicht möglich sein. Ich bin kein Anwalt und darf deshalb nicht mit zur Befragung.«

»Aber du bist Polizistin«, rief Eric empört.

»Ja, aber nicht bei der Nürnberger Kripo. Derzeit nirgends«, erwiderte Charlotte ruhig. Sie dachte kurz nach, sagte dann: »Ich kann Andreas Wallner anrufen. Er scheint der Vernünftigere der beiden leitenden Ermittler zu sein.« Sie sah Eric an, nickte dann. »Das kann ich für dich tun.« Sie stand auf, holte das schnurlose Telefon und reichte es dem Fußballer. »Ruf den Anwalt an«, sagte sie.

Eric legte das Telefon auf den Tisch, zog sein Handy heraus und suchte nach einer Nummer. Charlotte nutzte die Gelegenheit, um auf die Toilette zu gehen. »Sorg dafür, dass er nicht abhaut«, schärfte sie Patrick laut genug ein, dass auch Eric es hören konnte. Ihr Sohn nickte unglücklich. Es war nicht leicht, die Demontage eines Idols so hautnah mitzubekommen.

Als Charlotte aus dem Bad zurückkam, war der Anruf erledigt.

»Er kommt in circa einer halben Stunde«, sagte Eric und wirkte wieder wie ein Junge, der etwas ausgefressen hatte.

Charlotte rief Wallner an und schilderte ihm kurz die Situation. »Ich möchte deutlich darauf hinweisen, dass ich nicht wusste, dass Herr Rasmussen in meiner Wohnung war. Er wiederum möchte darauf hinweisen, dass sein Erscheinen bei der Polizei kein Schuldeingeständnis ist.«

Eric nickte heftig und hielt beide Daumen nach oben.

»Cramer ist vermutlich noch im Büro«, sagte Wallner. »Ich fahre sofort hin.«

»Danke«, sagte Charlotte und legte auf. Sie berichtete Eric und Patrick kurz von dem Gespräch. »Jetzt können wir nur noch warten.« Sie sah, dass Eric etwas sagen wollte, aber noch zögerte. Sie hatte eigentlich keine Lust, es ihm leicht zu machen, aber sie hatte auch Mitleid mit ihm – trotz seiner Eskapaden. »Was ist?«, forderte sie ihn auf zu reden.

Eric atmete erleichtert auf. »Charly, bitte, du musst mir glauben. Ich habe mit dem Unfall von Harry nichts zu tun.« Er zögerte, fuhr dann fort:

»Ich weiß, ich kann manchmal ein richtiges Arschloch sein. Aber du kennst mich doch auch ein wenig. Traust du mir so etwas wirklich zu?«

Charly antwortete ehrlich: »Nein, eigentlich nicht. Obwohl – das mit dem Abführmittel war keine Glanzleistung.«

»Ja, ich weiß«, gab Eric zerknirscht zu. »Ich weiß auch nicht, was da in mich gefahren ist. Ich wollte dem Typen einfach nur eins auswischen. Und weil es beim ersten Mal so gut funktioniert hat, habe ich es halt wiederholt.«

»Für so was riskierst du deinen Job«, sagte Charly fassungslos.

»Ich weiß, es war absolut idiotisch«, beteuerte Eric. »Aber ich bin unschuldig, was alles andere angeht. Ich habe weder meinen Wagen manipuliert, noch eine Bombe ins Stadion gelegt, noch diesen dämlichen Schiedsrichter umgebracht. – Obwohl er's wirklich verdient hat.«

»Das habe ich jetzt nicht gehört«, sagte Charlotte warnend.

»Ja, ja, ist schon klar. Gegenüber der Polizei werde ich das natürlich nicht sagen.« Er griff nach Charlottes Hand. »Und ich habe auch nichts mit Danas Tod zu tun«, sagte er eindringlich. »Glaubst du mir das?« Bevor Charlotte nicken konnte, klingelte es.

»Das wird der Anwalt sein«, sagte sie und riss sich los.

»Ich mach auf«, rief Patrick und verließ das Zimmer.

Bevor Eric zusammen mit dem Anwalt die Wohnung verließ, schaute er Charlotte ernst an. »Ich bin unschuldig«, sagte er.

XVII

Wir stehen wie die Idioten da!«, schrie Cramer. »Es kann doch nicht möglich sein, dass wir immer noch nichts in der Hand haben.«

Wallner sah sich vorsichtig um. Alle Kollegen starrten irgendwohin, nur nicht zu Cramer. Miriam malte auf ihrem Block herum, Sabrina konzentrierte sich auf den tanzenden Stift zwischen ihren Fingern und Marius schien sich sehr für eine Fliege zu interessieren, die seit Minuten im Zimmer herumbrummte.

Leo war mal wieder voll in Fahrt. *Es wird Zeit, dass er in Rente geht*, dachte Wallner. So konnte das nicht weitergehen. *Oder er trennt sich endlich von Raffaela.* Das würde jedoch nie passieren, das wusste Wallner nur zu gut.

Aber es war auch verständlich, dass Cramer nervös war. Sie hatten drei Tote, einen nicht ansprechbaren Schwerverletzten auf der Intensivstation, eine explodierte Bombe und jede Menge Drohbriefe – doch nicht den geringsten Hinweis auf einen Täter.

Am Tag zuvor hatte Cramer Rasmussen in die Mangel genommen, aber außer, dass der Fußballer einem Teamkollegen etwas in das Getränk gemischt hatte, wollte der nichts zugeben. Leo hatte ihn die erlaubten 48 Stunden festhalten wollen, doch gemeinsam mit Rasmussens Anwalt hatte Wallner ihn davon überzeugen können, dass es außer negativer Presse nichts bringen würde. Der Sportler hatte auf Anraten seines Anwalts guten Willen gezeigt und würde sich täglich bei der Polizeiinspektion Ost in der Erlenstegenstraße melden. Aber Wallner war überzeugt, dass Rasmussen nicht der gesuchte Täter war. Er vertraute dabei auch ein Stück weit Charlotte Braun.

»Würdest du uns auch mit deiner geistigen Anwesenheit beehren?« Leos zynische Stimme drang verzögert an sein Ohr.

»Was?«, schreckte Wallner hoch. »Sorry, ich bin noch mal alle Möglichkeiten durchgegangen«, stammelte er, wohl wissend, dass keiner ihm glaubte.

Leo ging mit einem bösen Grinsen darüber hinweg. »Wissen wir inzwischen, wer der Anrufer war?«, wiederholte er seine Frage.

Wallner nickte. »Es war ein Autofahrer, der eine Minute später an die

Kreuzung kam. Den Unfall selbst hat er nicht gesehen, aber immerhin hat er den Notruf abgesetzt. Wer weiß, was mit den beiden Verletzten passiert wäre, wenn er es nicht getan hätte.«

»Was Neues aus dem Krankenhaus?«, wandte Leo sich an Marius.

Der schreckte hoch und lief rot an. »Ähm, nein«, stotterte er. »Ich bin aber ständig dran«, versicherte er Cramer.

Der verkniff sich ein Schmunzeln.

Immerhin ist er jetzt wieder besserer Laune, dachte Wallner. Laut sagte er: »Wir fahren später mal raus ins Klinikum. Vielleicht hat sich ja irgendetwas ergeben.« Er rechnete mit Leos Einwand. Doch es kam nichts. Offensichtlich wusste auch er nicht mehr weiter. »Hofmeister ist an den Erpresserbriefen dran«, sagte er, bevor Leo fragen konnte.

Sie sprachen noch eine Weile über den toten Schiedsrichter und den verletzten Geschäftsmann aus Düsseldorf, doch auch hier hatten die Recherchen bisher nichts ergeben.

Beim Tod des Schiedsrichters deutete alles auf einen Racheakt für den nicht gegebenen Elfmeter im Spiel gegen Wolfsburg hin. Beide Linienrichter hatten unabhängig voneinander ausgesagt, Klebisch habe nach dem Spiel einen seltsamen Anruf erhalten. Er habe etwas wie »Immer diese durchgeknallten Fans« gemurmelt, sonst aber nichts dazu gesagt. Man sei das als Schiedsrichter leider gewohnt. Sie wussten aber beide nicht, vom wem. Leider wussten sie auch nicht, wie ihr Kollege den Abend verbracht hatte.

Der Düsseldorfer Computerexperte hatte noch nie vorher von dem Nürnberger Stürmer gehört, er war nicht einmal ein Fußballfan. Welchen Grund hätte er gehabt, Harry Mägerlein schaden zu wollen?

Auch über Mägerleins Begleitung hatten sie nichts Bemerkenswertes herausgefunden. Die Eltern hatten sie zwei Tage vor dem Unfall zum letzten Mal gesehen, da war sie bester Dinge gewesen. »Es war beinahe, als sei sie verliebt gewesen«, hatte die Mutter weinend gesagt. Wallner hatte ihr versichert, dass dem so war, und ihr versprochen, sie zu informieren, sobald Harry Mägerlein ansprechbar wäre.

»Eine Nachbarin hat an dem Morgen einen Lieferwagen vor Rasmussens Haus gesehen«, warf Miriam ein. »Aber sie kann sich weder an das Fabrikat noch an die Farbe erinnern, geschweige denn, was darauf stand.« Sie schüttelte den Kopf. »Laut unserer Befragungen gibt's dort täglich jede Menge Lieferungen. Der Hinweis hilft uns so und so nichts.«

»Es hat wohl keinen Sinn«, knurrte Leo und wand sich aus seinem Stuhl. »Seht zu, dass es nicht wieder ein nutzloser Tag wird«, ermahnte er das Team und verließ den Besprechungsraum.

»Lass uns in einer Stunde rausfahren«, sagte Wallner zu Marius. »Ich muss noch was erledigen.« Er ging in sein Büro und rief Hofmeister an.

»Hast du schon was herausgefunden?«, fragte er, als der sich meldete.

Hofmeister verneinte. »Wir haben einen ganzen und einen halben Fingerabdruck gefunden, aber es dauert noch, bis wir den zuordnen können. Die von Dana Reed und Eric Rasmussen haben wir bereits ausgeschlossen. Die Briefe sind mit Computer geschrieben und ausgedruckt, es ist handelsübliches Druckerpapier. Nichts, womit man etwas anfangen könnte. Auch die Umschläge sind 08/15-Ware. Gibt's in jedem Kaufhaus.« Er raschelte mit Papier. »Der handgeschriebene Brief ist beim Gutachter, aber ich vermute, die Frau hat ihn geschrieben. Auch hier ist das Papier übliche Handelsware, eventuell aus einer Kassette, wo Papier und Umschläge zusammenpassen. Wir werden die Eltern dazu befragen, denn der Absender ist ihre Adresse.«

»Und die andere Adresse?«

»Auch da sind wir noch dran«, erwiderte Hofmeister.

»Was ist mit den Zeitungsausschnitten?« Wallner trommelte ungeduldig auf den Tisch. Konnte es sein, dass sie überall nur in Sackgassen landeten?

»Da sie zum Teil doppelt vorhanden sind, gehen wir davon aus, dass der Erpresser welche zu den Briefen dazugelegt hat. Der andere Teil stammt vermutlich von der Frau, wir haben jede Menge ihrer Fingerabdrücke darauf gefunden.« Hofmeister seufzte. »Ich weiß, ist nicht viel. Was ich dir mit Sicherheit sagen kann ist, dass das Papier der neueren Drohbriefe ein anderes ist. Aber das weißt du ja schon, oder?«

Wallner bestätigte. Dazu brauchte man keinen Experten, das sah ein Laie.

»Irgendetwas sagt mir, dass es sich um zwei Typen handelt«, sagte Hofmeister. »Nicht nur wegen des unterschiedlichen Papiers und der Texte. Es ist eher ein Bauchgefühl.«

Wallner widersprach nicht, denn er war derselben Meinung.

»Danke. Du meldest dich, ja?«, sagte er und legte auf.

Er hätte sich gerne noch einmal mit Charlotte Braun ausgetauscht, ihren Blick von außen bevorzugt; aber sie hatten zu viel zu tun, als dass er sich jetzt mit ihr zu einem gemütlichen Plausch treffen könnte. Vielleicht am Abend, bei einer Flasche Wein …

Er verließ sein Büro und suchte Marius. »Sollen wir?«, fragte er und warf ihm den Autoschlüssel zu. Er wollte jetzt nicht fahren, lieber seinen Gedanken nachhängen. *Ich werde immer mehr wie Leo*, dachte er mit Grausen.

Auf dem Weg nach draußen liefen sie Martin Rolofs, einem Reporter des örtlichen Boulevardblatts, über den Weg. Wallner grüßte kurz und wollte vorbeigehen, doch Rolofs stellte sich ihm in den Weg.

»Du weißt doch, dass ich dir nichts sagen kann«, begann Wallner. Warum konnten sich diese Reporter nie an die Spielregeln halten? Er packte Marius am Arm und zog ihn mit sich.

»Hängen die Morde zusammen?«, rief Rolofs ihm hinterher.

Wallner drehte sich um. »Du kennst die Antwort, oder?«, fragte er.

Rolofs grinste und nickte. »Klar. Wir ermitteln in alle Richtungen«, äffte er Cramers Bass nach.

Wallner nickte. »So ist es. Mehr gibt es dazu nicht zu sagen.«

Er winkte Marius, ihm zu folgen, und ließ den Reporter stehen. Während der Fahrt wollte Marius wissen, ob Wallner wirklich der Meinung war, dass es sich um mehrere Täter handelte.

»Schwer zu sagen«, gab Wallner offen zu. »Ich bin ziemlich sicher, dass der Anschlag auf Dana Reed ein Fall für sich ist.«

»Aber könnte die Bombe nicht tatsächlich für Rasmussen bestimmt gewesen sein?«, warf Marius ein, während er auf die Münchener Straße einbog.

»Könnte«, gab Wallner zu. »Das ist das Problem. Wir wissen es nicht sicher. Ein Adressaufkleber war nicht auffindbar. Aber warum sollte die Frau ein Paket öffnen, das für den Mann bestimmt ist? Es gibt schließlich so etwas wie ein Postgeheimnis.«

»Auch bei Paaren?« Marius' Stimme klang zweifelnd.

»Gerade da.« Wallner sah den jungen Mann von der Seite an. »Hast du keine Freundin?«

»Doch«, erwiderte der. »Aber wir wohnen nicht zusammen. Da gibt's noch kein Problem wegen der Post.« Er grinste.

»Das kommt noch früh genug«, versicherte Wallner ihm. »Aber mal im Ernst. Ich denke, wir suchen zwei Täter. Den Absender der Paketbombe und den Mörder von Klebisch und Clara Schuhmann. Ich tippe auf einen verrückten Fußballfan. Verrückt im wahrsten Sinne des Wortes.«

»Und wer hat die Bombe im Stadion gezündet?«

»Vermutlich auch dieser Fußballfan«, sagte Wallner. »Wir müssen hier links«, gab er die Anweisung, als Marius keine Anstalten machte, in die Breslauer Straße einzubiegen.

Zehn Minuten später standen sie im Zimmer von Dr. Schuster.

»Tut mir leid, aber ich habe keine besseren Nachrichten für Sie als gestern«, sagte der Arzt. »Sie hätten sich die Fahrt hierher sparen können. Ein Anruf hätte genügt.« Es klang tadelnd.

»Mir ist klar, dass Sie viel um die Ohren haben«, sagte Wallner besänftigend. »Aber manchmal bringt es doch etwas, wenn man sich direkt gegenüber sitzt.«

Der Oberarzt seufzte und schlug die Fingerspitzen gegeneinander. »Sie wissen doch bereits alles«, sagte er genervt. »An seinem Zustand hat sich nichts verändert. Wenn es so wäre, wären Sie die ersten, die es erfahren. Noch vor der Familie.« Er stand auf. »Ich will nicht unhöflich sein, aber ich muss wieder …«

Wallner und Marius verabschiedeten sich und verließen das Zimmer.

»Idiot«, murmelte Marius.

»Ja, aber ich kann ihn verstehen«, warf Wallner ein. Er ging zum Stationszimmer, das jedoch leer war.

»Heute haben wir aber auch gar kein Glück«, murmelte Wallner. Er wandte sich an Marius. »Dann fahren wir eben wieder zurück.« Er grinste. »Zumindest waren wir nicht den ganzen Morgen im Büro.«

Sie liefen Richtung Ausgang.

»Warten Sie!«, rief eine weibliche Stimme hinter ihnen. »Warten Sie!«

Sie drehten sich um. Eine rothaarige Schwester kam auf sie zugelaufen. Wallner hatte sie schon einmal auf der Intensivstation gesehen. »Entschuldigung«, sagte sie und schnappte nach Luft. Laut Namensschild hieß sie Elke.

»Kein Problem«, sagte Wallner. »Was gibt es?«

Schwester Elke fächelte sich Luft zu. »Ich sollte mal wieder Sport betreiben«, sagte sie und grinste. Dann wurde sie jedoch sofort wieder ernst. »Ich habe gerade erst von Dr. Schuster erfahren, dass Sie hier sind. Gut, dass ich Sie noch erwischt habe.«

Wallner zwang sich, geduldig zu bleiben. Sie wollte sich sicher nur wichtigmachen. Er lächelte die Krankenschwester freundlich an.

»Wir bekommen Anrufe«, sagte sie und schaute ihn erwartungsvoll an.

Wallner wartete ein paar Sekunden, ob noch etwas kommen würde, doch sie schwieg.

»Anrufe«, sagte er langsam. »Von wem?«

Die Schwester zuckte mit den Schultern. »Keine Ahnung«, sagte sie. »Er ruft zwei- bis dreimal täglich an und fragt nach Harry Mägerleins Zustand.«

Wallner hatte plötzlich ein gutes Gefühl. *Jetzt kommen wir der Sache näher!* »Er?«

»Ja, ein Mann. Er sagt keinen Namen, sagt nur: ›Ich bin's, wie geht es Harry Mägerlein heute?‹, dann legt er auf.«

»Sie sagen nichts zu ihm?«, bohrte Wallner nach.

Die Schwester wand sich etwas, blickte sich vorsichtig um, flüsterte dann: »Na ja, eigentlich dürfen wir's ja nicht, aber wir sagen zumindest, dass sein Zustand unverändert ist.«

»Verstehe«, murmelte Wallner. »Sie haben keine Ahnung, wer der Mann ist?«

Schwester Elke schüttelte den Rotschopf. »Nein. Ich hatte ihn auch erst einmal am Telefon. Es ist reiner Zufall, dass wir herausgefunden haben, dass er mehrmals täglich anruft. Melli, eine meiner Kolleginnen, war länger geblieben und hatte ihn zweimal am Tag dran. Sie hat uns dann von ihm erzählt und so kam raus, dass er mehrmals täglich anruft. Meistens morgens, so gegen zehn, dann am frühen Nachmittag noch mal. Und manchmal auch abends.« Sie sah Wallner ängstlich an. »Werden Sie uns verpfeifen?«

Wallner musste wider Willen lachen. »Wir verpfeifen grundsätzlich niemanden«, sagte er. »Wir müssen der Sache allerdings nachgehen.« Er tätschelte ihr beruhigend den Arm. »Ich versuche, Sie da rauszuhalten, okay?«

»Okay«, sagte Elke und strahlte ihn an. »Danke.« Sie rannte zurück zur Station.

Marius steckte den Autoschlüssel, den er bereits in der Hand gehalten hatte, wieder ein. »Dann statten wir jetzt der Verwaltung einen Besuch ab.«

Wallner ging das Herz auf, als sie auf die Pforte zugingen, um nach dem richtigen Ansprechpartner zu fragen. An der Wand hing das Foto eines Fußballspielers, mit Signatur. Wallner versuchte verzweifelt, die Unterschrift zu entziffern. Mo … Ma … doch Mo? Beide Namen begannen zumindest mit einem M. Max Morlock? Sogar er kannte diesen Spieler. Es war einen Versuch wert.

»Toll«, sagte er ehrfürchtig und zeigte auf das Foto.

Der Pförtner, sicher in seinen Siebzigern, drehte sich um und nickte stolz. »Ja, das ist mein größter Schatz«, sagte er. »Hat mich ein großes Stück Arbeit gekostet, dass ich es hier aufhängen darf.«

»Kann ich mir vorstellen«, sagte Wallner mitfühlend. »Es ist ja nicht jeder ein Fußballfan.«

Der Pförtner verzog das Gesicht. »Nicht nur das«, jammerte er. »Es kommt noch schlimmer: Mein Kollege von der Nachtschicht ist Bayernfan. Können Sie sich das vorstellen?«

»Lieber nicht«, gab Wallner zurück und zog ein Gesicht, als habe er Zahnschmerzen.

»Genau«, pflichtete der Pförtner ihm bei. »Es geht nichts über unseren Club, nicht wahr?«

Wallner nickte und murmelte: »Toller Verein.«
»Der beste!«, stimmte der Pförtner aus tiefstem Herzen zu. »Was kann ich für Sie tun?«
Wallner zückte den Ausweis und stellte Marius vor. »Wo kommen hier die Anrufe rein?«, fragte er dann.
»Sie meinen die Zentrale?«, fragte der Pförtner zurück.
Wallner nickte.
Der alte Mann grinste. »Da haben Sie Glück, heute sitzt dort nämlich der Sepp. Der ist fast so ein großer Club-Fan wie ich. Sagen Sie ihm einen schönen Gruß von mir und er wird Ihnen alles verraten.« Er gab ihnen eine kurze Wegbeschreibung.
Wallner lachte und bedankte sich. »Ich hoffe, sie bleiben oben«, sagte er noch und zeigte noch einmal auf das Foto.
»Ach was, das schaffen die schon«, sagte der Pförtner im Brustton der Überzeugung.
Auf dem Weg zur Telefonzentrale sagte Marius erstaunt zu Wallner: »Ich wusste gar nicht, dass du Fußballfan bist.«
»Bin ich auch nicht«, gab Wallner zu. »Aber manchmal muss man eben so tun als ob.«

XVIII

Alles neu macht der Mai! Noch nie traf dieser Spruch so zu wie in diesem Jahr. Charlotte hätte am liebsten die ganze Welt umarmt. Sie saß auf ihrem kleinen Balkon, mit einer Tasse Kaffee in der Hand, und genoss die Sonne, die sich jedoch nur sehr zaghaft zwischen den Wolken blicken ließ. Endlich hatte der Frühling sich auch an Bayern erinnert und die Menschen waren ins Freie geströmt, als seien sie monatelang eingesperrt gewesen.

Charlotte winkte Marita zu, die im Hof Wäsche aufhängte.

»Kummsd mid zum Maifest, am Aufseßplatz?«, rief ihre Vermieterin nach oben. »Es is nix Bsonders, kennd aber rechd lusdich wern.«

»Mal sehen«, rief Charlotte nach unten. »Ich bin eh allein. Patrick ist mit einem Freund nach Hamburg gefahren. – Fußball«, fügte sie hinzu und verdrehte die Augen.

»Sei froh, dass er ned den ganzen Dooch vorm BeeZee hockd«, erwiderte Marita.

Charlotte nickte. Marita hatte ihr vom Sohn ihrer Schwester erzählt, der den ganzen Tag vor dem Computer verbrachte, Ballerspiele spielte und sich nur noch von Cola und Pizza ernährte. Da hatte sie es mit Patrick doch wesentlich besser getroffen. Sie winkte noch einmal nach unten und rief: »Ich komm später runter.« Dann holte sie sich noch einen Kaffee. Ihr Blick fiel auf die Uhr. Es war kurz vor elf. Um eins würde der Zug in Hamburg ankommen.

Sie hatte kein gutes Gefühl gehabt, als Patrick sie am Mittwoch überraschend gefragt hatte, ob er zusammen mit einem Freund zum HSV-Spiel fahren dürfe.

»Wer ist dieser Freund?«

»Ein Typ von der Schule«, hatte ihr Sohn geantwortet und ihr dabei nicht in die Augen geblickt. »Du kennst ihn noch nicht.«

»Kann ich ihn vorher noch kennenlernen?«

»Nee, dazu ist keine Zeit mehr.«

Charlotte hatte sich gefragt, weshalb für ein kurzes Treffen keine Zeit sein sollte, aber sie ließ es auf sich beruhen. Nach mehreren handfesten Streitereien hatten sie seit einigen Tagen endlich wieder ein einigermaßen normales Verhältnis und sie wollte das mit ihrem Misstrauen nicht wieder zerstören. Patrick hatte ihr immer wieder vorgeworfen, dass sie nie da sei; also hatte sie ihm versprochen, mehr Zeit mit ihm zu verbringen. Zu ihrem Leidwesen gehörte auch ein Besuch im Easy-Credit-Stadion dazu.

Sie lächelte, als sie sich daran erinnerte. Patrick hatte ihr von seinem Taschengeld eine Bratwurst und ein Bier gekauft, dafür bekam er eine neue Baseballkappe mit der Aufschrift *110 Jahre Club*. Voller Stolz erklärte er ihr alles und zeigte ihr die Max-Morlock-Statue. »Dort drüben ist die Bombe explodiert«, sagte er und deutete auf ein paar Fahnenstangen.

»Aha«, erwiderte Charlotte und zeigte sich uninteressiert. Er sollte keinesfalls den Eindruck haben, es ginge ihr um irgendwelche Fälle. »Kommt dein Freund Schorsch auch?«, wollte sie wissen.

»Er ist nicht mein Freund«, gab Patrick patzig zurück. »Wenn überhaupt, ist er ein Bekannter.«

Charlotte war überrascht, sagte aber nichts.

»Schorsch ist sicher da, aber er sitzt woanders«, sagte Patrick noch.

Charlotte war froh darüber. Sie genoss die Zeit mit ihrem Sohn und zu ihrer Überraschung stellte sie fest, dass sie auch das Fußballspiel genoss. Der Club verlor zwar, aber es war schon etwas anderes, inmitten schreiender Fans zu sitzen und mitzufiebern, statt ein Spiel im Fernseher zu sehen. Am Ende des Spiels war sie heiser.

»Jetzt bist du ein echter Fußballfan«, hatte Patrick sie ausgelacht, weil sie sich ständig räuspern musste.

»Fehlt nur noch, dass ich mir ein Trikot kaufe«, hatte sie gespottet, aber Patrick hatte nur gemeint, das komme sicher noch.

Auch ihre Beziehung mit Andreas Wallner hatte eine neue Stufe erreicht. Wobei das Wort *Beziehung* viel zu viel bedeutete. Er hatte ihr wie beiläufig mitgeteilt, dass er getrennt von seiner Frau lebte. Immerhin hatte er auch gesagt, dass er auf eine Versöhnung hoffte.

Sie trafen sich vor allem, um über die Fälle zu reden. Aber fast immer trafen sie sich abends in kleinen Restaurants, aßen eine Kleinigkeit und tranken eine Flasche Wein dazu. Sie hatte vor einer Woche vorgeschlagen, doch Du zueinander zu sagen, schließlich seien sie ja so etwas wie Kollegen. Er schien genauso unsicher zu sein, was sie beide anging, und Charlotte war das mehr als recht. Sie hatte sich nach Franz' Tod geschworen, nie mehr etwas mit einem Polizisten anzufangen. Und keinesfalls wollte sie einen neuen Fall Jacob erleben. Nein, so wie es im Moment war, war es gut.

Der Anschlag auf Dana war vier Wochen her und es gab noch immer keinen Hinweis auf den Täter. Alle Spuren waren im Sande verlaufen. Auch zu dem Mord an dem Schiedsrichter und dem Unfall von Mägerlein gab es keine konkreten Anhaltspunkte. Charlotte konnte es kaum glauben, aber sie war sich sicher, dass Cramer und sein Team alles taten, um den Fall aufzuklären. Cramer mochte von fragwürdigem Charakter sein, als Ermittler war er große Klasse. Zumindest hatte Miller ihr das gesagt.

Der hatte sie vor zwei Tagen angerufen und ihr einen neuen Job in Aussicht gestellt. Es sei noch nicht 100%ig sicher, hatte er mehrmals erwähnt, doch es hatte gereicht, um Charlotte in Hochstimmung zu versetzen.

Der Nachmittag verging wie im Fluge, obwohl die Musik auf dem Maifest nicht gerade ihr Geschmack war. Aber mit Marita war es lustig und sie hatte viel Spaß. Zwischendurch probierte Charlotte immer wieder, Patrick auf seinem Handy zu erreichen, aber es ging immer nur die Mailbox an.

»Wahrscheinlich had er vergessn, es einzuschaldn«, sagte Marita. »Er had sicher was anderes im Kopf als sei Mudder anzurufn.«

Charlotte musste wider Willen lachen. »Wenn du das sagst, klingt das wie ein Verbrechen«, beschwerte sie sich.

Erst am Abend, als sie mit einem gehörigen Schwips nach Hause kam, fiel ihr Patrick wieder ein. Erneut wählte sie seine Nummer, erneut erreichte sie nur die Mailbox. »Ruf mich bitte mal an«, sagte sie. »Ich will doch nur wissen, dass es dir gut geht.«

Der Sonntag brachte graue Wolken und einen leichten Kater. Hatte sie so viel getrunken? Nach einer kalten Dusche fühlte Charlotte sich fitter. Sofort fiel ihr Patrick ein. Sie überprüfte ihr Handy, aber es zeigte keinen verpassten Anruf an und auch die SMS-Box war leer. »Na warte, Freundchen, wenn du heute Abend nach Hause kommst«, sagte sie und verzog sich mit einem Buch auf den Balkon.

Der Zug würde um 18:43 Uhr am Nürnberger Hauptbahnhof eintreffen, Patrick sollte also gegen sieben zu Hause sein. Doch es wurde acht, es wurde neun, und Patrick war immer noch nicht da. Charlotte fielen keine Gründe mehr ein, warum er sich verspätet haben könnte. Sie hatte bereits mehrmals bei der Auskunft der Bahn angerufen und man hatte ihr jedes Mal versichert, dass der Zug pünktlich war.

Ihre Nachrichten auf seiner Mailbox wurden unfreundlicher: »Verdammt, wo steckst du? Ich mach mir Sorgen. Ruf mich sofort an!«

Patrick meldete sich nicht.

Charlotte tigerte durch die Wohnung, fragte sich, was sie machen sollte. In ihrer Not rief sie Wallner an.

»Wie heißt der Freund?«, wollte er wissen, nachdem sie ihm alles geschildert hatte.

Charlotte musste zugeben, dass sie keine Ahnung hatte.

»Mach dir keine Sorgen«, sagte auch Andreas. »Er ist ja kein kleines Kind mehr.«

»Aber das hat er noch nie gemacht«, erwiderte Charlotte, obwohl es eine Lüge war. Patrick war schon zweimal abgehauen. Aber da war jedes Mal ein massiver Streit vorausgegangen. Diesmal hatten sie sich doch wieder verstanden. Was war nur los?

»Ich rufe auf alle Fälle mal in Hamburg an, ob es irgendwelche Schlägereien gegeben hat«, sagte Andreas. Als Charlotte nach Luft schnappte, ergänzte er: »Nur, um auszuschließen, dass Patrick nicht dabei ist.«

»Danke«, sagte sie und wünschte sich, Andreas hätte ihr angeboten, zu ihr zu kommen. Offenbar hatte er doch nur ein kollegiales Interesse an ihr. Enttäuscht legte sie den Hörer auf.

In der folgenden Nacht fand sie keinen Schlaf. Unruhig wanderte sie in der Wohnung auf und ab, schaute alle paar Minuten auf ihr Handy, checkte regelmäßig ihre E-Mails, überprüfte, ob das Telefon noch funktionierte. Alles war okay, nur Patrick meldete sich nicht.

Wallner hatte sie darüber informiert, dass ein Patrick Braun auf keiner der Listen der Hamburger Kollegen stand. Und wieder hatte er sie nicht gefragt, ob er vorbeikommen solle.

Charlotte fieberte dem Montagmorgen entgegen. Sie beschloss, so bald wie möglich bei der Schule anzurufen. Vielleicht wussten ja Patricks Klassenkameraden, mit wem er nach Hamburg gefahren war. Doch dann entschied sie, dass es besser war, persönlich vorbeizuschauen. So konnte sie gleich auch die Klassenlehrerin kennenlernen.

Punkt acht stand Charlotte vor der Adam-Kraft-Realschule und ließ sich von einer Schülerin den Weg zur Schulleitung erklären.

Der Rektor hörte sich Charlottes Anliegen an und ließ die Klassenleiterin, Frau Specht, holen. Auch sie hörte Charlotte aufmerksam zu. Traurig schüttelte sie den Kopf.

»Tut mir leid, aber ich habe keine Ahnung, mit wem Patrick zusammen sein könnte. Von der Klasse ist es niemand, es sind alle da. – Außer Patrick«, fügte sie leise hinzu.

»Hat er in einer anderen Klasse Freunde?«, wollte Charlotte wissen. Frau Specht warf ihr einen merkwürdigen Blick zu, den sie nicht deuten konnte. »Was ist?«, fragte sie angstvoll.

»Wie gut ist Ihr Verhältnis zu Ihrem Sohn?«, wollte die Lehrerin wissen.

»Gut, würde ich sagen«, erwiderte Charlotte stirnrunzelnd. Was wurde das – ein Verhör? »Natürlich gibt es immer mal wieder Probleme, wie mit allen Teenagern, vermute ich. Aber im Großen und Ganzen verstehen wir uns gut.«

»Aha«, sagte Frau Specht. »Sie scheinen aber nicht zu wissen, dass Patrick bisher keinen Anschluss in der Schule gefunden hat. Er ist ein richtiger Einzelgänger.«

Charlotte schaute die Lehrerin verblüfft an. Patrick, ein Einzelgänger? Das war doch Blödsinn! »Wir reden schon vom selben Jungen?«, sagte sie irritiert.

Frau Specht nickte. »Patrick Braun, ja«, sagte sie und zählte einige seiner Daten auf.

Charlotte hob abwehrend die Hände. »In Ordnung, ich glaube Ihnen.« Sie mochte es fast nicht aussprechen: »Er hat mich wohl belogen, was das angeht.« In dem kleinen Raum hing die unausgesprochene Frage, was er ihr sonst noch alles aufgetischt hatte.

»Kann ich kurz mit der Klasse sprechen?«, bat sie.

Frau Specht nickte und führte sie zum Klassenzimmer. Sie stellte Charlotte vor und fragte dann, ob jemand wisse, wo Patrick sei.

»Der würde uns das doch nicht sagen«, rief ein Junge aus den hinteren Reihen verächtlich, und ein paar stimmten ihm zu.

Charlotte fragte noch einmal nach, bekam aber dieselbe Antwort. Sie dankte der Klasse und der Lehrerin und verließ frustriert die Schule.

Einer Eingebung folgend rief sie ihre Eltern in Harrow an. Ihre Mutter freute sich, als sie ihre Stimme hörte, nicht jedoch, als Charlotte ihr von Patricks Verschwinden berichtete. Sie hatten nichts von ihm gehört. »Sollte er sich melden, sagen wir dir sofort Bescheid«, sagte ihre Mutter.

Charlotte rief Wallner an und sagte auch ihm, dass Patrick immer noch nicht aufgetaucht sei. Andreas versprach, eine bundesweite Fahndung anzuleiern, und bat sie, alle Freunde und Bekannte zu informieren.

Für einen Moment hegte Charlotte die Hoffnung, Patrick sei inzwischen nach Hause gekommen, denn die Wohnungstür war nicht abgeschlossen. Doch offenbar hatte sie nur vergessen, am Morgen abzusperren, denn die Wohnung war unverändert und leer.

Freunde und Bekannte? Sie hatte keine Freunde. Vielleicht war ja das das Problem? Sie hatten immer nur sich selbst gehabt, seit sie wieder in Deutschland waren. Patricks Freunde waren vor allem in Manchester. In München hatte er kaum Zeit gehabt, sich neue zu suchen; in Nürnberg hatte ihm vermutlich die Lust gefehlt.

Ich habe auf der ganzen Linie versagt, dachte Charlotte verzweifelt. *Dabei wollte ich es doch endlich mal gut machen.*

Aber natürlich! Patrick hatte sehr wohl einen Freund in Nürnberg! Okay, er selbst hatte ihn als Bekannten bezeichnet, aber das war doch egal. Vielleicht wusste er ja etwas. Schorsch … wie war doch gleich sein Nachname gewesen?

Charlotte rief Eric an, der zum Glück auch sofort an sein Handy ging. »Ja klar, das ist der Schorsch, den kennt jeder beim Club«, sagte Eric. »Warte mal … Er heißt Georg Hasselbacher.«

»Was weißt du sonst über ihn?«

»Na ja, er ist so was wie der Superfan. Er ist jeden Tag da, bei jedem Wetter, selbst wenn kein Training ist oder in den Spielpausen. Der Typ ist schon faszinierend. Für den gibt es nur Fußball und sonst nichts.«

»Weißt du, wo er wohnt?«

»Irgendwo in Zabo, in der Nähe vom Stadion«, erwiderte Eric. »Die Straße weiß ich leider nicht. – Er ist fanatisch«, fügte er noch hinzu. »Aber ich denke, er ist harmlos.«

Das sollte sie offenbar trösten. »Danke«, sagte Charlotte und legte auf.

Georg Hasselbacher. Was hatte Patrick ihr über den Mann erzählt? Verdammt, warum hatte sie nicht besser zugehört? Sie lief in Patricks Zimmer und schaltete den Computer an. Einen Moment lang war sie versucht, seine E-Mails zu überprüfen, öffnete dann energisch die Suchmaschine. So weit war sie noch nicht!

Sie tippte *Georg Hasselbacher* ein und drückte auf *Suchen*. Über 20 000 Ergebnisse. Verdammt! Sie tippte *Club* hinter den Namen und drückte erneut auf den Suchbutton. Nur noch 324 Ergebnisse, das klang schon besser. Charlotte klickte verschiedene Links an und überflog die Seiten.

Richtig, Hasselbacher hatte mal in Jugendjahren für den Club gespielt. Eine Verletzung bedeutete das Aus für seine junge Karriere.

Charlotte suchte weiter. In einem anderen Artikel wurde eine pharmazeutische Firma genannt. Hatte Patrick nicht erwähnt, dass Hasselbacher Pharmazie studiert hatte? Charlotte suchte nach der Telefonnummer und rief die Firma an. »Braun, Kripo Nürnberg«, meldete sie sich. »Arbeitet bei Ihnen ein Georg Hasselbacher?« Als die Frau am anderen Ende der Leitung bejahte, sagte Charlotte: »Können Sie mich bitte mit ihm verbinden?«

»Tut mir leid, aber Herr Hasselbacher ist nicht im Hause.«

»Wie kann ich ihn erreichen?«, fragte Charlotte. »Es ist wichtig.«

»Tut mir leid, aber ich darf keine Daten unserer Mitarbeiter herausgeben.«

Blöde Ziege!, dachte Charlotte. Laut sagte sie: »Das ist lobenswert und verständlich, aber ich muss Herrn Hasselbacher in einer Ermittlung befragen.«

»Sie sind ja die Polizei, Sie haben sicher andere Möglichkeiten, seine Adresse herauszufinden«, sagte die Ziege.

1:0 für dich, du Zimtzicke, dachte Charlotte nicht ohne Anerkennung. »Haben Sie vielen Dank.«

Telefonbuch! Wo war das Telefonbuch? *Mama, wer braucht denn ein Telefonbuch aus Papier, wenn er Internet hat?* Patricks Stimme in ihrem Kopf.

Charlotte wandte sich wieder dem PC zu und fand Hasselbachers Adresse. Fallrohrstraße 126. »So kann eine Straße doch nicht wirklich heißen«, sagte sie und rief ein Taxi.

Als sie in der Fallrohrstraße ankamen, sah Charlotte sofort die Ansammlung von Fahrzeugen und geschäftiges Treiben vor einem Haus. Kisten und Aktenordner wurden in einen Transporter gestapelt, uniformierte Beamte wuselten umher. Was war da los? Sie bat die Taxifahrerin, daran vorbeizufahren und 100 Meter weiter anzuhalten. Es war Hausnummer 126.

»Warten Sie bitte kurz«, sagte Charlotte. »Ich muss nur schnell was klären, ich bin sofort wieder da.« Sie sprang aus dem Wagen und lief das kurze Stück zurück. Vor dem Haus stand eine junge Frau in Uniform. »Braun, Kripo Nürnberg, Soko ›Fußball‹«, sagte Charlotte. »Was ist denn hier los?« Sie deutete in das Haus hinein.

Das Mädchen ließ sich von ihrem Kommandoton einschüchtern. »Hausdurchsuchung«, sagte es. »Bei Hasselbacher. Oben, unterm Dach.«

»Gut, danke«, erwiderte Charlotte und betrat das Haus. Wenn sie Cramer oder Wallner in die Hände lief, war das Spiel aus, aber sonst kannte sie keiner. Es war einen Versuch wert.

In der Wohnung wuselte es von uniformierten Beamten, die Kartons füllten und nach unten trugen.

»Schon was gefunden?«, fragte Charlotte einen der Männer, der gerade aus der Tür kam.

»Der Typ ist ein Spinner«, erwiderte der Polizist und deutete mit dem Kinn auf den Karton, den er auf den Armen trug. »Der hat jeden Fetzen aufgehoben, auf dem der Name Mägerlein steht.«

Charlotte wollte noch etwas fragen, doch da hörte sie einen vertrauten Namen aus der Wohnung: »Leo, kommst du mal? Das wird dich interessieren.«

Sie dankte dem Beamten und ging vorsichtig in die Wohnung. Soweit sie sie einsehen konnte, war sie im Stil der Fünfzigerjahre eingerichtet, es gab kaum etwas Persönliches. Die Wohnung wirkte trist und kalt.

»Sieht sehr nach dem Sprengstoff aus, der für die Stadionbombe benutzt wurde«, sagte eine männliche Stimme von links. »Aber das Interessantere ist hier …« Schritte, Papierrascheln, ein Pfiff. »Wir haben ihn«, sagte Cramer. Dann: »Andi? Fahndung nach Hasselbacher!«

Charlotte hatte genug gehört. Sie verließ die Wohnung und rannte die Treppe hinunter.

Hasselbacher war also nicht in der Wohnung gewesen, in der Arbeit war er auch nicht. Wo mochte er stecken? Sie lief zum Taxi zurück.

»Wohin?«, wollte die Fahrerin wissen.

Gute Frage. Charlotte dachte nach. Wo würde Hasselbacher am ehesten zu finden sein? Klar …

»Zum Club«, sagte sie.

XIX

Als Wallner und Cramer mit zwei Streifenwagen im Schlepptau beim Club-Gelände vorfuhren, bot sich ihnen ein seltsames Bild: Vor dem Rehazentrum standen Charlotte Braun und Georg Hasselbacher; die Frau brüllte auf den Mann ein. Er überragte sie locker um einen Kopf, dennoch machte er einen verschüchterten Eindruck.

»Toughes Weib«, knurrte Cramer, und Wallner wusste, das war ein großes Lob. »Nichtsdestotrotz kommt sie uns etwas zu oft in die Quere.«

»Ich kümmere mich darum«, sagte Wallner und stieg aus.

»Charlotte«, rief er, doch sie hörte ihn nicht.

»Wo ist Patrick, verdammt noch mal? Sag mir endlich, wo mein Junge ist?«, schrie sie immer wieder.

Wallner nahm sie sanft am Arm und wollte sie wegziehen. Sie riss sich los. »Er hat Patrick«, schrie sie ihn an.

»Charlotte, komm mit, wir klären das«, sagte Wallner und zog sie mit sanfter Gewalt weg. Doch sie riss sich erneut los und stürzte sich auf Hasselbacher. Bevor Wallner einschreiten konnte, hatte sie ihm zwei Ohrfeigen gegeben.

»Bist du vollkommen übergeschnappt?«, brüllte Wallner und zerrte sie von Hasselbacher weg, der seine Hände schützend vor seinen Kopf hielt. Er machte einen vollkommen verwirrten Eindruck. »Du kannst doch nicht einfach Leute schlagen!«

Charlotte schien endlich zur Besinnung zu kommen. Irritiert sah sie Wallner an, dann auf ihre Hände, dann auf Hasselbacher. »Tut …, tut mir leid. Ich weiß nicht, was in mich gefahren ist.«

»Ich schon«, sagte Wallner besänftigend und führte sie weg, während zwei uniformierte Polizisten Hasselbacher festnahmen und zu ihrem Wagen brachten. »Du machst dir Sorgen um Patrick.«

Charlotte nickte nur. Als sie ihn ansah, hatte sie Tränen in den Augen. »Er hat meinen Jungen«, sagte sie. »Er hat immer wieder gesagt, das mit dem Jungen tue ihm leid, das habe er nicht gewollt.« Sie schluchzte. »Er hat Patrick.«

Wallner widersprach nicht, obwohl er nicht ihrer Meinung war. Es sah zwar alles danach aus, als sei Hasselbacher der Bombenleger und der Mörder von Werner Klebisch, unter Umständen auch der Absender der Paketbombe an Dana Reed – aber warum sollte er Patrick entführen? Der Junge war doch so etwas wie ein Freund gewesen.

»Ich kümmere mich darum«, flüsterte er und drückte Charlotte kurz an sich. Sie ließ es widerstandslos geschehen. *Ist schon eigenartig*, dachte er. *Die ganze Zeit habe ich es nicht gewagt, ihr nahe zu kommen, und jetzt kriegt sie es noch nicht einmal mit.*

Der Streifenwagen mit Hasselbacher war bereits weggefahren, Cramer stand an ihren Wagen gelehnt und schaute spöttisch herüber. Wallner war es egal.

»Die Fahndung nach Patrick läuft«, sagte er zu Charlotte, die sich allmählich beruhigte. »Wir finden ihn.«

»Du musst ihn unbedingt fragen, was er mit ihm gemacht hat«, drang sie in ihn. »Ob er noch am Leben ist?« Panik schwang in ihrer Stimme mit.

»Natürlich ist er noch am Leben«, versicherte Wallner. »Denk nicht mal dran.« Er legte eine Hand an ihr Kinn und zwang sie sanft, ihn anzusehen. »Patrick geht es gut«, sagte er leise. »Du weißt das.«

Sie schüttelte traurig den Kopf. »Ich weiß gar nichts mehr.«

Wallner zögerte. In diesem Zustand konnte er Charlotte keinesfalls allein lassen, andererseits musste er sich um Hasselbacher kümmern. Er wandte sich Cramer zu und hatte eine verrückte Idee. »Bleib bitte hier, ich muss kurz mit Leo reden«, sagte er zu Charlotte und ging zu seinem Chef. »Kann sie mitkommen? Sie denkt, dass Hasselbacher ihren Sohn hat. Ich glaube es nicht, aber wenn sie beim Verhör dabei sein könnte …«

»Spinnst du?«, fuhr Leo ihn an. »Da könnte ja jeder kommen.«

»Sie ist Polizistin, Kriminalbeamtin wie du und ich«, sagte Wallner ungerührt. »Und sie hat uns doch auch geholfen.«

»Wo denn?«, murrte Cramer. »Sie hat einen Verdächtigen geschlagen. Gute Beamte machen das nicht.«

»Ihr Sohn ist seit drei Tagen verschwunden«, sagte Wallner. »Ich möchte dich sehen, wenn Romano so lange weg wäre.«

Cramer öffnete den Mund, um etwas zu erwidern, drehte sich dann jedoch nur um und murmelte: »Meinetwegen. Aber sie mischt sich nicht ein, verstanden?«

»Natürlich nicht«, gab Wallner zurück und ging zurück zu Charlotte.

Sie hatte sich inzwischen wieder vollkommen gefangen. »Tut mir leid«, sagte sie. »Ich weiß wirklich nicht, was los ist. Ich hab die ganze Nacht kein Auge zugetan, vermutlich ist es das.« Sie schaute ihn scheu an.

»Es ist in Ordnung«, versicherte Wallner. »Jeder von uns hätte so reagiert.« Er zeigte Richtung Wagen. »Wenn du willst, kannst du mitfahren und beim Verhör dabei sein. Also zuhören«, fügte er schnell hinzu, bevor sie auf dumme Gedanken kam.

Sie sah ihn verblüfft an. »Bist du sicher? Ich will nicht, dass du Probleme bekommst.«

Er schüttelte den Kopf. »Nein, er hat zugestimmt.«

Charlotte zog die Stirn hoch, sagte aber nichts. Sie folgte ihm zum Auto, sagte kurz »Hallo« und »Sorry« zu Leo und setzte sich auf den Rücksitz.

Zunächst fuhren sie schweigend zurück ins Zentrum, doch nach einigen Minuten fragte Charlotte: »Wie seid ihr auf Hasselbacher gekommen?«

Wallner warf einen fragenden Blick auf Cramer, aber der nickte nur.

»Er hatte mehrmals täglich im Krankenhaus angerufen, um sich nach Harry Mägerleins Zustand zu erkundigen. In den ersten Tagen rief er immer von verschiedenen Telefonzellen aus an, doch später wurde er nachlässiger und benutzte sein Handy. Wir wollten ihn eigentlich nur fragen, warum er so besorgt ist um den jungen Fußballer, doch dann sagte uns seine Firma, dass er seit zwei Wochen, also seit dem Unfall, nicht mehr zur Arbeit erschienen war.« Er schüttelte den Kopf. »Es war eigentlich nur eine von vielen möglichen Spuren«, sagte er. »Aber wir dachten, wer in einem Pharmakonzern arbeitet, kommt leicht an Stoffe, mit denen man eine Bombe herstellen kann. Wir hatten ihn eher als Zeugen im Visier, nicht als Verdächtigen.«

»Und die Wohnungsdurchsuchung?«, fragte Charlotte.

Wallner warf ihr einen überraschten Blick durch den Rückspiegel zu. Sie lächelte verlegen. »Ich war da«, sagte sie. »Habe mich sozusagen reingeschmuggelt. Als ich dort hörte, dass er womöglich der Gesuchte ist, hat mein Verstand abgeschaltet.«

Wallner sah aus den Augenwinkeln heraus, dass Cramer schmunzelte. Er würde doch nicht etwa Gefallen an Charlotte Braun finden?

»Tut mir leid«, sagte sie erneut. »Ich war einfach panisch, weil Patrick verschwunden ist.« Sie schaute zum Fenster hinaus, fügte leise hinzu: »Ich bin es immer noch.«

»Wir finden ihn«, sagte Cramer zu Wallners Überraschung. »Wenn Hasselbacher ihn hat sowieso.«

Wallner fuhr über die Schlotfegergasse in die Tiefgarage und parkte den Wagen. Schweigsam fuhren sie mit dem Lift nach oben.

»Warte einen Moment hier«, sagte er zu Charlotte und zog Cramer mit sich. »Können wir den Videoraum nehmen? Dann kann sie zuhören und zusehen.«

»Spinnst du?«, fuhr Leo ihn an. »Weißt du, was das kostet?«
Wallner schaute ihn nur ernst an.

»Meinetwegen«, brummte Leo. »Aber wenn's Ärger gibt, nimmst du das auf deine Kappe.«

»Mach ich«, erwiderte Wallner und rief Miriam an, um ihr zu sagen, wo sie die Vernehmung durchführen würden. Dann lief er zu Charlotte zurück. Er führte sie in den Nebenraum, wo sie das Verhör verfolgen konnte. »Du kennst das ja«, sagte er und warf einen Blick durch den Spiegel.

Schweigend warteten sie, bis Georg Hasselbacher hereingebracht wurde. Er setzte sich an den Tisch, als ginge ihn das alles gar nichts an.

»Na dann«, sagte Wallner und ließ Charlotte allein. »Du oder ich?«, wollte er draußen von Cramer wissen.

»Fang du mal an«, sagte Leo. »Ich fahr ihm sonst gleich an die Gurgel. Ich bin bei deiner Freundin.« Sein Sarkasmus war nicht zu überhören.

Wallner biss sich auf die Lippen und betrat den Verhörraum; er nahm Hasselbacher gegenüber Platz und schaltete die Kamera, den PC und das Aufnahmegerät ein. Dann wandte er sich an den Verdächtigen. »Nennen Sie bitte Ihren vollen Namen und Ihr Geburtsdatum.«

Hasselbacher schien ihn nicht zu hören. Er stierte mit glasigen Augen in eine Ecke. Wallner wiederholte die Aufforderung dreimal, bevor Leo ihm via PC signalisierte, dass es genug sei.

»Ihr Name ist Georg Hasselbacher, Sie wurden am 3. Januar 1954 in Lauf an der Pegnitz geboren. Ist das korrekt?«

Er war sich nicht sicher, ob Hasselbacher ihn gehört oder gar verstanden hatte, aber er wackelte mit dem Kopf, was als Ja gewertet werden konnte. Wallner verzog das Gesicht. Das konnte ja heiter werden! Er dachte an Charlotte, die auf eine Antwort bezüglich ihres Sohnes wartete.

»Kennen Sie Patrick Braun?«, stellte er die erste Frage.

Hasselbacher reagierte nicht.

»Kennen Sie Patrick Braun?«, wiederholte Wallner.

»Guter Junge, manchmal etwas frech«, murmelte Hasselbacher.

»Wo ist der Junge? Was haben Sie mit ihm gemacht?«

Hasselbacher richtete den Blick auf ihn, sagte mit weinerlicher Stimme: »Ich wollte das nicht. Ich wollte ihm nicht weh tun. Es war doch alles nur ein Versehen.«

Wallner stockte der Atem. Was sollte das bedeuten? Es war doch keine so gute Idee gewesen, Charlotte zuhören zu lassen.

»Was haben Sie mit Patrick Braun gemacht?«, sagte er eindringlich.

Hasselbacher schüttelte nur den Kopf.

»Herr Hasselbacher, helfen Sie uns und helfen Sie sich«, donnerte Wallner. »Wo ist Patrick Braun?«

»Weiß nicht«, wimmerte Hasselbacher und sackte in sich zusammen.

Wallner wagte nicht, zum verspiegelten Fenster zu schauen. Schon klar, er hatte zu verantworten, dass die Mutter eines verschwundenen Kindes das mit anhören musste. Verdammt, man sollte sich bei der Polizeiarbeit nicht von Gefühlen leiten lassen!

»Herr Hasselbacher, schauen Sie mich an«, versuchte Wallner es etwas sanfter.

Hasselbacher brauchte ein paar Sekunden, bis er den Blick auf ihn fokussierte, aber immerhin folgte er der Anweisung.

»Sie verstehen, was ich sage?«

Hasselbacher nickte, sein Blick wanderte wieder Richtung Ecke.

»Schauen Sie mich an«, befahl Wallner. Als die Augen wieder auf ihn gerichtet waren, fragte er sehr langsam: »Wo ist Patrick Braun?«

»Weiß nicht«, sagte Hasselbacher. Es klang ehrlich, aber was hieß das schon? Hasselbacher schien vor allem verwirrt zu sein. Anscheinend glaubte er, was er sagte.

Das wird nichts, erschien auf dem Monitor. *Frag ihn nach der Bombe im Stadion.*

»Haben Sie am 9. April dieses Jahres im Easy-Credit-Stadion eine Bombe platziert und gezündet?«, wechselte Wallner folgsam das Thema.

Hasselbacher wandte sich ihm zu und grinste plötzlich. »Klar«, sagte er. »War ein schönes Feuer.« Er freute sich sichtlich darüber.

»Warum haben Sie die Bombe gezündet?«, wollte Wallner wissen. »Welchen Zweck hätte das haben sollen?«

Hasselbacher zuckte nur mit den Schultern.

»Sie sind doch Club-Fan, nicht wahr?«, fuhr Wallner fort.

Hasselbacher nickte heftig. »Der Club ist der einzige Verein, dem ich immer treu war«, sagte er, als habe man ihm das Gegenteil zum Vorwurf gemacht. »Es ist nicht gut, den Verein zu wechseln. Man bleibt seinem Verein treu, ein Leben lang.«

»Was wollen Sie damit sagen?«, fragte Wallner.

»Alle wechseln den Verein, als ob es nichts wäre«, erwiderte Hasselbacher. »Alle wollen zu Bayern München ...«, er spuckte den Namen aus, als sei er Gift. »Oder sie gehen gleich ins Ausland. Das gab's damals nicht bei uns. Da hat man für einen Verein gespielt und da ist man auch geblieben.«

Auf dem Monitor erschien: *Er hat auch einmal für den Club gespielt. Frag ihn danach.* Wallner stellte die Frage.

Hasselbacher richtete sich auf. »Ja«, sagte er voller Stolz. »Ich habe sogar eine Saison lang mit Max Morlock gespielt. Sie können sich das nicht vorstellen: Max war einer der Stars, die 1954 den Titel nach Deutschland holten. Er war ein Held!« Er lächelte. »Der Club hat viele Helden.«

Das ist doch vollkommener Blödsinn, stand auf dem Monitor. *Morlock hat '64 die Schuhe an den Nagel gehängt. Da war dieser Typ grade mal zehn!*

Und? Was fange ich damit an?, dachte Wallner. In seinem Gehirn jagten sich die Gedanken. Was wussten sie über den Mann? Er hatte Pharmazie studiert. »Der Mann ist brillant, oder vielmehr, er war es«, hatte der Firmenchef gesagt. »Er könnte längst im oberen Management sitzen, aber der Club war ihm immer wichtiger.« Er hatte den Kopf geschüttelt, als könne er so viel Dummheit nicht verstehen. »Inzwischen ist er etwas wunderlich geworden. Aber er arbeitet immer noch gut.« Hasselbacher hatte alle Beförderungen abgelehnt, weil es bedeutet hätte, aus Nürnberg wegzugehen.

Als Club-Spieler war er weniger brillant, jedenfalls hatte sich in den Club-Annalen kaum etwas zu ihm gefunden. Er war 1969 als 15-Jähriger zum Club gekommen, der dann in der darauffolgenden Saison abstieg und in der Regionalliga Süd herumkrebste, bis 1975 die 2. Bundeliga gegründet wurde. Eine halbe Saison hatte Hasselbacher als Stürmer in der 2. Bundesliga gespielt, wurde dann bei einem Auswärtsspiel ausgerechnet gegen die Fürther so schwer verletzt, dass er seine Karriere beenden musste, bevor sie überhaupt angefangen hatte.

Was für ein verkorkster Lebenslauf, dachte Wallner. Und alles nur wegen Fußball, nicht zu glauben.

Er brauchte eine Pause. »Wollen Sie einen Kaffee?«, fragte er Hasselbacher. Der nickte nur. Wallner verließ den Verhörraum.

Draußen stand Leo. »Ich geh dann mal rein, vielleicht habe ich einen anderen Draht zu ihm.« Er grinste. »Von Fußballfan zu Fußballfan, sozusagen.«

Wallner nickte und holte zwei Tassen Kaffee. Eine brachte er Charlotte Braun. Sie war sehr blass und hatte gerötete Augen.

»Tut mir leid, dass ich noch nichts erfahren habe.«

»Ist schon okay«, sagte sie und nahm die Tasse entgegen.

Er brachte die zweite Tasse in den Verhörraum; Leo saß Hasselbacher bereits gegenüber. Dann ging er zurück in das Nebenzimmer.

»Haben Sie Eric Rasmussen eine Paketbombe geschickt?«, fragte Cramer.

»Was?« Hasselbacher starrte ihn verblüfft an. Er wirkte plötzlich gar nicht mehr verwirrt. »Welche Paketbombe?«, fragte er.

»Die Paketbombe, durch die Erics Freundin, Dana Reed, ums Leben kam«, antwortete Leo.

»Quatsch«, sagte Hasselbacher. »Das ist lächerlich. Ich habe die Bombe im Stadion gelegt. Harry sollte spielen, aus. Er ist der Beste.«

»Und da wollten Sie seine Konkurrenten aus dem Weg räumen, nicht wahr?«, warf Cramer ein. »Und mit Rasmussen haben Sie angefangen. Nur kam dummerweise dessen Freundin ums Leben.«

»Blödsinn«, zischte Hasselbacher und warf ihm einen hasserfüllten Blick zu.

»Wir haben Beweise«, behauptete Leo ungerührt.

»Die möchte ich sehen.«

»Werden Sie, werden Sie«, sagte Cramer und wechselte unerwartet das Thema. »Wissen Sie, wo Patrick Braun steckt?«

Hasselbacher sah ihn mit klaren Augen an. »Klar. Er ist nach England gefahren. Ich glaube, zu den Großeltern. Hatte dauernd Knatsch mit seiner Mutter.«

Charlotte Braun gab einen leisen Aufschrei von sich. Sie zog ein Handy aus der Hosentasche und lief aus dem Raum. Wallner wäre ihr gerne nachgelaufen.

»Sind Sie sicher?«, hakte Leo nach.

»Natürlich bin ich sicher«, empörte Hasselbacher sich. »Er hat es mir doch selbst gesagt.«

Leo schwenkte wieder um: »Wir können Ihnen den Anschlag auf Eric Rasmussen nachweisen.«

»Geht nicht«, erwiderte Hasselbacher. »Denn ich war's nicht.«

»Dummerweise ist etwas schiefgelaufen«, fuhr Leo ungerührt fort. »Nicht Eric kam ums Leben, sondern seine Lebensgefährtin. Also musste ein neuer Plan her.« Er sah Hasselbacher durchdringend an. »Sie haben den Porsche manipuliert, um Eric Rasmussen endgültig aus dem Weg zu räumen.«

Hasselbacher starrte zurück, ohne mit der Wimper zu zucken.

»Aber auch da haben Sie einen Fehler gemacht«, sagte Leo. »Statt Rasmussen traf es diesmal den jungen Mägerlein. Ihr Idol, Ihr Held.«

Hasselbacher verzog das Gesicht, als habe Cramer ihn geschlagen. Vermutlich empfand er es auch so. Dennoch blieb er bei seiner Aussage, dass er nichts mit dem Unfall zu tun habe.

»Sie haben sehr wohl etwas damit zu tun«, donnerte Cramer. Hasselbacher zuckte zusammen. »Geben Sie es doch zu. Sie haben auf dem Gewissen, dass Harry Mägerlein voraussichtlich nie mehr Fußball spielen kann.«

Hasselbacher begann zu schluchzen. »Ich wollte das nicht«, sagte er und wischte sich eine Träne von der Wange. »Ich wollte dem Jungen nichts tun.«

Leo atmete tief durch. »Sie geben also zu, Eric Rasmussens Wagen manipuliert zu haben?«

Hasselbacher nickte und schniefte. Umständlich kramte er aus der Hosentasche ein Stofftaschentuch und schnäuzte sich.

Cramer wartete, bis er damit fertig war und das Taschentuch wieder in der Hosentasche verschwunden war. Dann beugte er sich vor und sagte leise: »Und der Schiedsrichter?«

»Ja, verdammt noch mal«, schrie Hasselbacher und sprang auf. »Ich habe ihn umgebracht. Dieser Idiot! Er hat uns den Kampf gegen den Abstieg versaut.«

Leo war aufgesprungen, doch so schnell Hasselbacher aufgestanden war, so schnell nahm er wieder Platz. Cramer fragte: »Sie geben also den Mord an dem Schiedsrichter zu?«

Hasselbacher nickte.

»Und den versuchten Mord an Harry Mägerlein?«

Hasselbacher gab einen seltsamen Laut von sich, nickte aber erneut.

»Und den Anschlag auf Dana Reed?«

Hasselbacher schüttelte den Kopf. »Nein, das war ich nicht«, sagte er bestimmt. »Das lasse ich mir nicht anhängen.«

XX

Charlotte wich nicht vom Telefon. Als dieser Hasselbacher behauptet hatte, Patrick sei in England, hatte sie noch einmal ihre Eltern angerufen, doch dort war er nicht aufgetaucht.

»Er wird schon kommen, entweder zu uns oder zu dir«, hatte ihre Mutter beruhigend gesagt, aber Charlotte hatte die Sorge in ihrer Stimme gehört. »Es ist doch nicht das erste Mal.«

»Ich weiß«, hatte sie erwidert. »Aber bisher hat er immer angerufen und gesagt, dass es ihm gut geht. Wieso macht er es diesmal nicht?«

Wieder hatte ihre Mutter versprochen, sofort anzurufen, sollte Patrick sich melden oder gar auftauchen.

Inzwischen hatte Charlotte auch alle ihr bekannten Freunde in Leeds und Manchester angerufen, doch sie hatten alle seit Monaten oder gar Jahren nichts von Patrick gehört

Der Apfel fällt nicht weit vom Stamm, hatte Charlotte gedacht. *Mutter und Sohn – unfähig, eine Beziehung einzugehen.*

Am späten Abend hatte Andreas angerufen, aber sie hatte keine Lust, länger mit ihm zu reden. Natürlich war sie ihm dankbar, dass er sie hatte zuhören lassen, aber mehr denn je war sie sicher, dass sie nichts mit einem Kollegen anfangen wollte.

Es war kurz nach elf. Charlotte zappte sich durch die Programme, konnte an keinem Gefallen finden. Schließlich ließ sie irgendeine Doku-Soap laufen und schaltete den Ton weg. So fühlte sie sich nicht mehr ganz so verlassen.

Sie war auf dem Sofa eingeschlafen, denn sie schreckte aus einem seltsamen Traum hoch, als das Telefon klingelte. Es war kurz nach eins.

»Ja?«, meldete sie sich atemlos.

»Er ist hier«, sagte ihre Mutter. »Er ist vor zehn Minuten angekommen, vollkommen durchgefroren und halb verhungert. Aber es geht ihm gut. Er ist die ganze Strecke getrampt.«

Charlotte weinte vor Erleichterung. »Kann ich ihn sprechen?«

»Das ist keine gute Idee«, erwiderte ihre Mutter. »Paul hat ihm gehörig den Kopf gewaschen.« Sie lachte leise. »Ich wundere mich, dass Patrick noch Haare auf dem Kopf hat.«

Charlotte musste wider Willen lachen. Sie wischte sich die Tränen aus dem Gesicht. »Ich komme morgen zu euch«, sagte sie.

»Sag Bescheid, wann du ankommst«, sagte ihre Mutter. »Wir holen dich ab. Gute Nacht.«

»Gute Nacht«, sagte Charlotte. »Mom? Gib ihm einen Kuss von mir, ja?«

»Ist doch klar.«

Charlotte setzte sich an den Computer, um einen Flug nach London zu buchen. Der früheste, der kein Vermögen kostete, ging erst am 6. Mai, morgens um 6:30 Uhr. Sie würde sich noch mindestens einen Tag gedulden müssen. Es war vielleicht auch besser so, denn so hatten sie alle Zeit, ihre Gemüter abzukühlen.

Als sie endlich im Bett lag und kurz vor dem Einschlafen war, fiel ihr ein, dass sie Andreas noch nicht Bescheid gegeben hatte. Aber mitten in der Nacht wollte sie nicht anrufen. Sie wälzte sich im Bett herum, beschloss, ihm eine SMS zu schicken. Zwei Minuten später klingelte ihr Handy.

»Das sind gute Nachrichten«, sagte er und klang so erleichtert, als handele es sich um seinen eigenen Sohn. »Jetzt schlaf erst mal.«

»Du auch«, gab sie zurück und freute sich wider besseres Wissen über die Zärtlichkeit in seiner Stimme.

Dumme Pute, dachte sie und drehte sich mit einem breiten Grinsen im Gesicht um.

Am nächsten Morgen rief Miller an, um ihr mitzuteilen, dass sie ab 17. Mai wieder Arbeit habe. Wäre er da gewesen, wäre Charlotte ihm vermutlich um den Hals gefallen. Zwei gute Nachrichten auf einen Schlag – sie beschloss, den 5. Mai zum Glückstag zu ernennen. Singend machte sie sich daran, die Wohnung aufzuräumen und ihren Koffer zu packen. Sie rief in der Schule an, sagte, dass Patrick unversehrt, aber krank aufgetaucht sei. Er werde natürlich so bald wie möglich wieder in den Unterricht kommen. Sie brauchten die gemeinsame Zeit in England, es gab einiges zu klären.

Charlotte sagte Marita Bescheid, dass sie ein paar Tage nicht da sein würde, und überlegte, ob sie auch Andreas informieren sollte. Der Mord an dem Schiedsrichter und Mägerleins Unfall waren aufgeklärt; einzig der Mord an Dana war noch offen. Ob sie den Täter jemals finden würden? Es würde sie auf jeden Fall interessieren. Sie beschloss, dass es Zeit hatte, bis sie wieder in Nürnberg war.

Doch am späten Nachmittag rief Wallner von sich aus an.

»Hasselbacher hat versucht, sich das Leben zu nehmen«, sagte er nach der Begrüßung.

»Und?« Charlotte hielt die Luft an.

»Einer der Wärter hat ihn rechtzeitig gefunden.«

Sie atmete aus. Es widerstrebte ihr zutiefst, wenn ein Täter seiner Strafe entgehen wollte, indem er sich umbrachte.

»Hat er den Mord an Dana noch gestanden?«, wollte sie wissen.

Andreas verneinte. »Er gibt wirklich alles zu, aber das leugnet er hartnäckig. Ich bin kein Experte, aber ich denke, er ist psychisch am Ende. Am Ende des Verhörs hat er alles durcheinander gebracht, hat sich und den jungen Mägerlein verwechselt. Er brachte Namen aus den Siebzigerjahren und dachte, die spielen jetzt beim Club. Es ist fraglich, ob er überhaupt verhandlungsfähig ist.«

»Könnte er die Paketbombe nicht doch geschickt haben?«, warf Charlotte ein. »Womöglich weiß er es gar nicht mehr.«

»Nein«, erwiderte Andreas. »Der Witz ist, dass ich ihm glaube. Sogar Leo glaubt ihm. Stimmt schon, auf den ersten Blick sieht es so aus, als müsste er es sein, immerhin hat er die Bombe im Stadion gezündet. Aber die war wirklich harmlos. Selbst wenn jemand daneben gestanden hätte, hätte sie kaum Schaden angerichtet. Die Paketbombe hingegen ...«

Charlotte dachte mit Schaudern an deren verheerende Wirkung. »Wie kam er eigentlich an den Wagen?«, wollte sie wissen. »Der stand doch in der Garage.«

»Es muss auf dem Club-Gelände passiert sein«, erwiderte Andreas. »Ich hab mir das von einem Experten erklären lassen. Es ist ganz einfach, dieses Ventil zu manipulieren, man muss nur das richtige Werkzeug haben.«

»Und woher wusste er, was zu tun war?«

»Das ist uns auch noch ein Rätsel«, sagte Andreas. »Er hatte selbst nicht mal ein Auto, fuhr nur mit dem Fahrrad oder lief zu Fuß. Er ist topfit, das muss man ihm lassen.«

»Zumindest körperlich«, warf Charlotte leise ein. Sie wollte nicht daran denken, was Patrick alles hätte geschehen können. »Und bei dem Mord an Dana habt ihr gar keine heiße Spur?«, wollte sie wissen.

»Nein, leider nicht. Es sind noch ein paar Hinweise da, die wir verfolgen, unter anderem übrigens deiner mit dem Haus nebenan.«

Charlotte runzelte die Stirn. Das Haus nebenan? Dann fiel ihr die Baustelle ein.

»Was ist damit?«

»Ach, es ist eventuell gar nichts, aber wir wollen eben ganz sicher gehen, dass wir nichts übersehen«, sagte Andreas. »Miriam findet es seltsam, dass ein Bauherr alle Aufträge per Fax versendet und keiner ihn zu Gesicht bekommt. Ich vermute ja eher, dass es ein reicher Schnösel ist, der sich die Hände nicht schmutzig machen will.«

»Aber irgendjemand muss doch die Arbeiten überprüft oder abgenommen haben?«, wand Charlotte ein.

»Ja, er hatte den Architekten engagiert, der in der Wohnung darüber wohnt. Der ist in Rente und hat sich um alles gekümmert.«

»Kennt er den geheimnisvollen Mann wenigstens?«

»Er hat ihn mal getroffen, aber seine Angaben taugen leider gar nichts.« Wallner seufzte. »Er konnte ja nicht ahnen, dass er seinen Auftraggeber würde beschreiben müssen.« Charlotte hörte ihn mit Papier rascheln. »Wir sind auch noch an den Erpresserbriefen dran. Sie stammen ziemlich sicher von dem Mann, der Dana Reed damals das Alibi verschafft hatte. Aber er ist derzeit in den USA oder in Kanada unterwegs.«

»Ich fliege morgen Früh nach London«, sagte Charlotte.

»Du holst Patrick«, erwiderte Andreas. Es klang eher wie eine Frage denn wie eine Feststellung.

»Ja«, sagte Charlotte. »Ich bleibe eine Weile bei meinen Eltern.« Sie wusste, es war nicht in Ordnung, aber sie wollte ihm nicht sagen, dass sie bereits in einer Woche zurückkommen würde.

Er schwieg eine Weile, sagte dann: »Ich halte dich auf dem Laufenden.«

»Danke«, antwortete Charlotte und wollte schon auflegen, als er noch hinzufügte: »Ich hoffe, du kommst wieder.«

****

Als Charlotte am nächsten Morgen kurz nach vier Uhr das Haus verließ, stach ihr sofort die schwarz-rote Fahne am Haus gegenüber ins Auge. Sie hing aus einem Fenster und wehte sacht im Nachtwind. Am unteren Rand war die Burg als Schattenriss zu erkennen, das Logo des 1. FCN schwebte als Sonne dahinter. In einer Woche würde sich entscheiden, ob es eine aufgehende oder untergehende war.

Charlotte schmunzelte. Niemals hätte sie gedacht, dass sie das Fußballfieber packen könnte. Und jetzt wusste sie sogar, was eine Relegation war und dass der Club zweimal gegen den potentiellen Aufsteiger Augsburg antreten musste.

Auf dem Weg zur U-Bahn stachen ihr noch mehrere Häuser mit Club-Fahnen oder Schals ins Auge. Sie erinnerte sich an den Aufruf des Clubs, zur Feier des 110. Geburtstags am 4. Mai die Stadt Nürnberg in schwarz-rote Farben zu tauchen. Zumindest in diesem Viertel war das gelungen.

Ihr Vater gähnte herzhaft, als er sie ein paar Stunden später in Stansted abholte. »Guten Morgen, meine Liebe«, sagte er und umarmte sie. »Du hattest auch schon mal christlichere Ankunftszeiten.«

Charlotte lachte. »Ja, so ist das, wenn man in der Provinz lebt. Von München aus wäre es besser gewesen.« Sie sah sich um. Von ihrem Sohn keine Spur. Sie war enttäuscht. Wollte Patrick sie gar nicht sehen?

»Er schläft sicher noch«, sagte ihr Vater, der ihren Blick gesehen hatte.

»Na ja, er ist ja sowieso ein Morgenmuffel«, erwiderte Charlotte und versuchte ein Lachen. »Es ist vermutlich besser so.«

Ihr Vater musste sich auf den Verkehr konzentrieren und so fuhren sie schweigend nach Harrow. Als sie in die kleine Straße einbogen, in der das Haus ihrer Eltern stand, klopfte Charlottes Herz. Dann machte es einen Freudensprung, als sie ihren Sohn entdeckte. Er saß auf einem Müllsack und wippte zum Klang seines MP3-Players. Als er das Auto sah, sprang er auf und zog die Kopfhörer aus den Ohren.

Noch bevor der Wagen richtig zum Stehen kam, riss er die Tür auf und rief: »Hallo Mama. Es tut mir so leid.«

Charlotte zog ihn an sich und umarmte ihn.

Sie genoss die Tage bei ihren Eltern. Nürnberg, die Morde, Wallner – alles war weit weg. Sie unternahm viel mit Patrick und redete auch viel mit ihm. Er war wie ausgewechselt, was sie darüber nachdenken ließ, ob sie nicht doch wieder nach England ziehen sollten. Doch als sie es Patrick gegenüber erwähnte, sagte er: »Nee, Mama, wir bleiben in Nürnberg. Es ist doch gar nicht so schlecht dort. Und jetzt, wo du wieder einen Job hast …«

Charlotte war froh darüber, denn schon wieder einen Umzug hätte sie nicht verkraftet. Ein klein bisschen war sie auch froh wegen Andreas. Der hatte sich nur einmal via SMS gemeldet, um ihr schöne Tage zu wünschen.

Als Charlotte ihrer Mutter von ihm erzählte, sah diese sie fragend an. »Willst du dir das noch einmal antun?«, wollte sie wissen. »Du hast über ein Jahr gebraucht, um den Tod von Franz zu überwinden.«

»Ich weiß«, gab Charlotte zu. »Und eigentlich sage ich mir immer wieder, dass ich es nicht will. Vor allem, weil er ja verheiratet ist.« Sie sah ihre Mutter an. »Was, wenn ich mich darauf einlasse und dann geht er zu seiner Frau zurück?« Sie schüttelte unwillig den Kopf. »Was mache ich mir darüber überhaupt Gedanken? Ich weiß ja noch nicht mal, ob er sich für mich über den Beruf hinaus interessiert.«

»Tut er«, sagte ihre Mutter bestimmt. »Tut er.«

Sie lächelten sich an.

»Was empfindest du für ihn?«, wollte ihre Mutter wissen.

Charlotte zuckte mit den Schultern. »Ich weiß es nicht genau. Ich fühle mich wohl mit ihm. Ihr Engländer würdet sagen: He's easy-going.«

»Klingt doch nicht allzu schlecht«, antwortete ihre Mutter. Sie gab Charlotte einen Kuss auf die Wange und sagte: »Lass es einfach auf dich zukommen. Gegen Gefühle ist man sowieso machtlos.«

****

Andreas rief an, als sie mit Patrick und den Eltern einen Ausflug nach Hatfield House machte. Sie waren gerade in dem großen Park unterwegs, als ihr Handy klingelte. Charlotte zögerte. Sollte sie den Anruf überhaupt annehmen?

Ihre Mutter schien ihren Blick richtig zu deuten, denn sie sagte: »Geh ran. Wir warten da vorne auf dich.«

»Hallo«, meldete Charlotte sich und ließ sich auf einer nahen Bank nieder.

»Hallo, wie geht es dir?«, sagte Andreas.

»Gut. Es ist fast wie Urlaub«, erwiderte sie, verbesserte sich dann: »Es *ist* Urlaub.«

»Schön«, sagte er und klang ernst dabei. »Ich wollte dich informieren, wie versprochen.«

Charlotte war enttäuscht. Wollte er nicht auch mit ihr sprechen, ihre Stimme hören? »Es gibt also Neuigkeiten?«, sagte sie so neutral wie möglich.

»Ja, und zwar sehr gute.« Andreas klang stolz. »Wir haben sowohl Danas Erpresser gefasst als auch ihren Mörder.«

»Wow«, sagte Charlotte beeindruckt. Für einen Moment überwog die berufliche Neugier die privaten Gefühle. »Glückwunsch.«

»Danke«, sagte er. »Aber du kannst dir selbst gratulieren, du hast uns den entscheidenden Hinweis gegeben.«

»Die Baustelle?«, mutmaßte Charlotte.

»Genau die. Du kannst dich sicher an den Säureanschlag auf Danas Kollegin erinnern?«

»Klar«, sagte Charlotte.

»Sie hat sich vor sieben Monaten umgebracht. Sie litt seit dem Anschlag damals unter Depressionen, war auch jahrelang in Behandlung deswegen«, berichtete Andreas. »Die Kollegen hatten damals Dana in Verdacht, aber sie hatte ja dieses Alibi. Der Typ hat sie später erpresst, wie du weißt, sie hat auch zweimal gezahlt. Einmal 50 000, einmal 30 000. Er wollte aber noch mehr Geld, doch Dana hat sich offenbar geweigert, mehr zu zahlen. Da ging er zum Ehemann des Opfers.«

»Schwein«, sagte Charlotte. So etwas wie Gaunerehre gab es auch nicht mehr.

»Allerdings«, stimmte Andreas zu. »Es muss kurz nach dem Selbstmord gewesen sein, jedenfalls hat Lars Biedermann – das ist der Ehemann – beschlossen, Dana umzubringen.« Er machte eine kurze Pause, fuhr dann fort: »Er muss so viel Hass in sich getragen haben. Dieser Aufwand …«

»Wie hängt er mit dem Haus und der Baustelle zusammen?«, fragte Charlotte.

»Er ist der Auftraggeber. Er hat herausgefunden, wo Dana wohnt, was ja kein großes Geheimnis ist. Als er mitbekam, dass die Wohnung im Haus nebenan verkauft werden sollte, hat er als Martin Bayer einen Kredit aufgenommen und sie gekauft. Der Mann ist Buchhalter in einer kleinen Firma …« Charlotte hörte deutlich Wallners Fassungslosigkeit. »… der könnte sich niemals so eine Wohnung leisten. Wie er an den Kredit kommen konnte, ist mir ein Rätsel, nach all dem, was in den letzten Monaten im Finanzsektor passiert ist. Man sollte meinen, die Banken hätten was daraus gelernt. Aber nein …«

»Allerdings«, stimmte Charlotte zu. »Aber weshalb die Bauarbeiten?«, wunderte sie sich. »Wieso ist er nicht einfach eingezogen?«

»Wir vermuten, dass er das Haus damit – wie soll ich sagen? – verschwinden lassen wollte?« Wallner überlegte kurz, sagte dann: »Vielleicht hat er gedacht, jeder regt sich ein paar Tage über den Lärm und die Baustelle auf, doch dann wollen die Leute das nicht mehr mitbekommen und ignorieren es vollkommen. Scheint ja auch geklappt zu haben.«

»Ja«, stimmte Charlotte zu. »Wenn Dana nicht etwas zu mir gesagt hätte, wäre es mir vermutlich nicht mal aufgefallen. – Von ihm stammen auch die Briefe?«

Wallner bejahte.

»Aber wie hat er es geschafft, sie in der Wohnung zu deponieren? Das Haus ist doch so gut gesichert?«

»Er hatte einen Schlüssel. Wir wissen noch nicht, wie er an den gekommen ist, aber er hat einen. Wir denken, er hat sich über einen der Handwerker ein Duplikat anfertigen lassen. Da sind wir noch dran. Er schweigt sich zu allem aus, aber wir haben genügend Beweise.«

»Und woher wusste er, wie man eine Paketbombe baut?«

»Das Internet«, erwiderte Wallner. »Er hat wochenlang recherchiert und alles fein säuberlich ausgedruckt und abgelegt. Übrigens auch die Abhörprotokolle. Die Wanze war in einer Vase versteckt.« Er lachte leise. »Man sollte das Internet verbieten. – Zum Glück hat er eine typische

Buchhaltermentalität. So haben wir genügend Beweise, um ihn für eine lange Zeit hinter Gitter zu bringen. Macht uns die Arbeit leichter.« Er lachte wieder.

»Dann sind also alle Morde aufgeklärt«, sagte Charlotte.

»Ja«, bestätigte Andreas.

Sie hatte das Gefühl, dass er noch etwas auf dem Herzen hatte. Wollte er ihr sagen, dass er sie vermisste?

»Da ist noch etwas«, sagte er tatsächlich, und ihr Herz machte einen unvernünftigen Hüpfer. Sie stand auf, war zu nervös zum Sitzenbleiben.

»Ja?« Charlotte hoffte, sie klang nicht zu atemlos.

Andreas zögerte, seufzte, sagte dann: »Könntest du dir vorstellen, bei uns einzusteigen? Ich meine, im Team, bei der Nürnberger Mordkommission?«

Das war alles, was er wissen wollte? Charlotte hätte ihren Frust am liebsten hinausgeschrien. Andererseits – nahm er ihr nicht eine Entscheidung ab, die sie selbst nicht fällen konnte?

»Ich weiß nicht, was ich sagen soll«, sagte sie und meinte es auch so.

»Du musst dich ja nicht sofort entscheiden«, beeilte Andreas sich zu sagen. »Aber wir könnten noch jemanden wie dich im Team gebrauchen.«

Charlotte schüttelte den Kopf. Als ihr das bewusst wurde, sagte sie: »Nein, ich muss es mir nicht überlegen. Ich könnte niemals mit deinem Chef zusammen arbeiten. So einen Fall hatte ich schon mal, das mache ich keinesfalls noch einmal mit.«

»Verstehe«, murmelte er und klang enttäuscht.

Geschieht dir recht, dachte Charlotte bitter.

»Er geht bald in Rente«, startete Andreas einen neuen Versuch. »Es dauert höchstens noch zwei, maximal drei Jahre.«

»Nein«, sagte Charlotte entschieden. »Nein. Jeder Tag wäre zu viel, glaub mir. Außerdem hat Miller mir einen neuen Job angeboten, und es macht Spaß, als Bodyguard zu arbeiten.«

»Das heißt also, dass du zurück nach Nürnberg kommst?«

Ihr Herz hüpfte erneut, als sie die Freude in seiner Stimme hörte. »Ja, natürlich«, sagte sie und fügte hinzu: »Was dachtest du denn?« Diese Abreibung hatte er verdient! »Wir fliegen übermorgen zurück.«

»Schön«, sagte er. Dann fügte er leiser hinzu: »Ich freue mich.«

Charlotte wusste, sie hätte es auch sagen sollen, aber alles, was sie hervorbrachte, war ein »Fein. Ich ruf dich an, wenn ich wieder zu Hause bin.« Nur nicht zu viel Gefühlsduselei, schon gar nicht am Telefon. Da konnte man sehr viel falsch verstehen.

Langsam schlenderte sie zu ihrer Familie, die geduldig gewartet hatte.
»Alles in Ordnung?«, wollte ihre Mutter besorgt wissen.
»Alles bestens«, antwortete Charlotte und lächelte sie an.

Danksagung

Dieser Krimi wäre nicht ohne die Hilfe einiger Personen entstanden, denen ich im Folgenden danken möchte: Martin Haltermann, zur Zeit der Handlung Pressesprecher des 1. FCN und eine sprudelnde Quelle an Informationen über den Club; Kathrin Wildermuth, seiner Nachfolgerin; den vielen Helfern, die während eines Fußballspiels für die Sicherheit der Fans sorgen und mir geduldig jede noch so banale Frage beantworteten; Elke Schönwald, Pressesprecherin des Polizeipräsidiums Mittelfranken; Lothar Hübner vom Porsche Zentrum München; Marion Voigt für die langjährige Freundschaft und ihre Fränkischkenntnisse; Ina May für ihren immerwährenden Zuspruch; Rainer Moritz, dessen Bücher *Abseits* und *Vorne fallen die Tore* mir einen guten Einblick in die Welt des Fußballs gaben; www.kicker.de, deren ausführliche Berichte mir das Gefühl gaben, ich hätte die Spiele selbst erlebt; Nick Hornby, der mit seinem Buch *Fever Pitch* den Ausschlag für diesen Krimi gegeben hat. Und natürlich Manfred …

Charly Brauns zweiter Fall

Exkommissarin Charlotte Braun wird als Personenschützerin für einen iranischen Schriftsteller engagiert, der im Exil in Nürnberg lebt. Der Auftrag entpuppt sich als lebensgefährlich …

ISBN 978-3-86906-165-8, 180 Seiten, €14,90